Fit im Schulsport – Arbeitsheft

Optimales Sportwissen für das Sportprofil

Arbeitsmaterialien zur 3. Auflage des Lehrbuchs Fit im Schulsport

Andrea Ruda, Dr. Wolfgang Friedrich

NEUER SPORTVERLAG

Neuer Sportverlag · Beim Hochwachtturm 2 · 71332 Waiblingen · www.neuersportverlag.de

Bibliografische Information der Deutschen Bibliothek
Die Deutsche Bibliothek verzeichnet diese Publikation in der Deutschen Nationalbibliografie;
detaillierte bibliografische Daten sind im Internet über http://dnb.dnb.de abrufbar.
ISBN 978-3-96416-104-8

Projektleitung: Hendrik Schulze Kalthoff, Neuer Sportverlag
Covergestaltung: Nadine Müller, Neuer Sportverlag
Layout, Satz und Bildbearbeitung: Janina Reuß, Neuer Sportverlag
Fotos: Cover Schulsport © Hans Yao; Cover Tischtennis © mit freundlicher Genehmigung der Fa. Ensinger Sport; Cover Gymnastik © Hans Yao
Lektorat: Irina Strohecker, Flensburg
Printed in Germany

Inhalt

Einleitung

Das Arbeitsheft wurde speziell für das Lehrbuch Fit im Schulsport – Optimales Sportwissen für das Sportprofil konzipiert.

Es erstreckt sich inhaltlich über drei Schuljahre, die Klassenstufen 8, 9 und 10.

Passend zu jedem Kapitel des Lehrbuches beinhaltet das Arbeitsheft konkret die Wissensbereiche des Bildungsplanes des Pflichtfaches Sport an Gymnasien sowie des Profilfaches Sport an Gemeinschaftsschulen. Die geforderten theoretischen Inhalte des Bildungsplanes werden detailliert aufgearbeitet und mit der Praxis verknüpft.

Anhand sogenannter „Inputseiten“ erarbeiten die Schülerinnen und Schüler das Thema mithilfe von Schaubildern, Lückentexten, Grafiken sowie aktuellen Recherchen und Erkenntnissen. Den „Inputseiten“, die durch verschiedene Lerntechniken und -methoden gekennzeichnet sind, schließen sich Fragen an, die den Lernpartnern ermöglichen, auf drei unterschiedlichen Niveaustufen ihr erlerntes Wissen zu überprüfen.

Die im Arbeitsheft sehr motivierenden sowie alters- und interessenentsprechenden Methoden unterstützen die Schülerinnen und Schüler beim eigenständigen und selbstentdeckenden Lernen und Erarbeiten der einzelnen Themenbereiche.

Durch den hohen Theorie-Praxis-Bezug setzen die Lernpartner das Erlernte gewinnbringend in der Praxis um. Dies zeigt sich beispielsweise im Erstellen eines Aufwärmprogrammes für die Sportgruppe im Rahmen der Praxisstunden Sport, in dem die Schülerinnen und Schüler das theoretisch Erlernte konkret und kreativ umsetzen und speziell auf ihr Stundenziel bzw. ihre Sportart ausrichten.
Das organisierte Selbststudium des optimalen Sportwissens für das Sportprofil verbessert anwendungs- und praxisbezogen die Beherrschung der einzelnen Themengebiete.

Im Folgenden werden die unterschiedlichen Niveaustufen kurz erläutert:

G = *grundlegendes Niveau (Ziel: Hauptschul- oder ggf. Werkrealschulabschluss)*

M = *mittleres Niveau (Ziel: Realschulabschluss)*

E = *erweitertes Niveau (Ziel: Abitur mit neunjährigem Bildungsweg)*

Die verschiedenen Arbeitsphasen werden durch Symbole untermalt:

? Dieses Symbol hebt die Fragen innerhalb des Arbeitsheftes hervor.
Zum Teil werden diese sehr offen, andere konkreter gestellt.

! *Dieses Symbol lädt zur Ausarbeitung der Fragen ein.*
Diese Phase fordert stark die Eigenaktivität und Kreativität der Schülerinnen und Schüler.

Exkurs

Die Arbeitsmaterialien, die als „Exkurs“ gekennzeichnet sind, stellen Erweiterungen der jeweiligen Thematik dar. Im Bildungsplan werden diese Themenbereiche nicht explizit aufgeführt, sodass diese optional zu bearbeiten sind. Die folgenden Arbeitsmaterialien setzen nicht das Wissen über die Exkurs-Themen voraus. Inhaltlich orientieren sie sich am Lehrwerk „Optimales Sportwissen“ (Neuer Sportverlag 2024, 6. Aufl., ISBN 978-3-96416-092-8).

Das Arbeitsheft – Fit im Schulsport – Optimales Sportwissen für das Sportprofil ermöglicht den Lernpartnern einen interessanten, praxisnahen sowie differenzierten Zugang zu sporttheoretischen Inhaltsbereichen, die sie im eigenen sportlichen Handeln positiv und gewinnbringend unterstützen.

1 Was man unter Sport verstehen kann?

?

Was verstehst du unter Sport?

Schreibe deine Erklärung stichwortartig auf.

!

Vergleiche deine Erklärung mit der eines Lernpartners.

➡ Was fällt euch auf?

Gesellschaftliche Bedeutung des Sports?

sehr niedrig — sehr hoch

Markiere deine Einschätzung grün.

Markiere die tatsächliche gesellschaftliche Bedeutung rot.

Begründung:

Staatsziel Sport

Ziel des DOSB: ______							

Sport = ______ mit wichtiger politischer und wirtschaftlicher Bedeutung

1.1 Sport ist nicht gleich Sport

- Sport ≠ Sport
- Sport findet auf verschiedene Art und Weise statt.
- Sport in verschiedenen Organisationsformen:

- ______
- ______
- ______
- ______
- ______
- ______
- ______
- ______
- ______
- ______
- ______
- ______
- ...

} ______ des Sports ist sehr groß

Partnerarbeit:

Überlegt, welche sportlichen Aktivitäten ihr in eurem Alltag ausübt. Denkt dabei an den Sportunterricht/Schulsport, an Freizeitaktivitäten, den Vereinssport,....

Füllt dazu die linke Spalte der folgenden Tabelle aus. Anschließend überlegt ihr euch die jeweilige Funktion bzw. zentrale Absicht der sportlichen Aktivität und ergänzt dazu die rechte Spalte.

Sportliche Aktivität	Funktion
Autogenes Training	Entspannung
Handball	Gewinnen, Spaß

(mod. nach Bruckmann, K., Recktenwald, H-D.: Schulbuch Sport, Meyer & Meyer, 2012, S.19)

Einzelarbeit:

Warum treibst du Sport?
Fülle dazu die untenstehende Tabelle aus.

SPORTART	Warum übst du diese Sportart aus?
z.B. Leichtathletik	Um mich mit anderen zu messen.

(mod. nach Bruckmann, K., Recktenwald, H-D.: Schulbuch Sport, Meyer & Meyer, 2012, S.19)

Sinnmotive des Sports

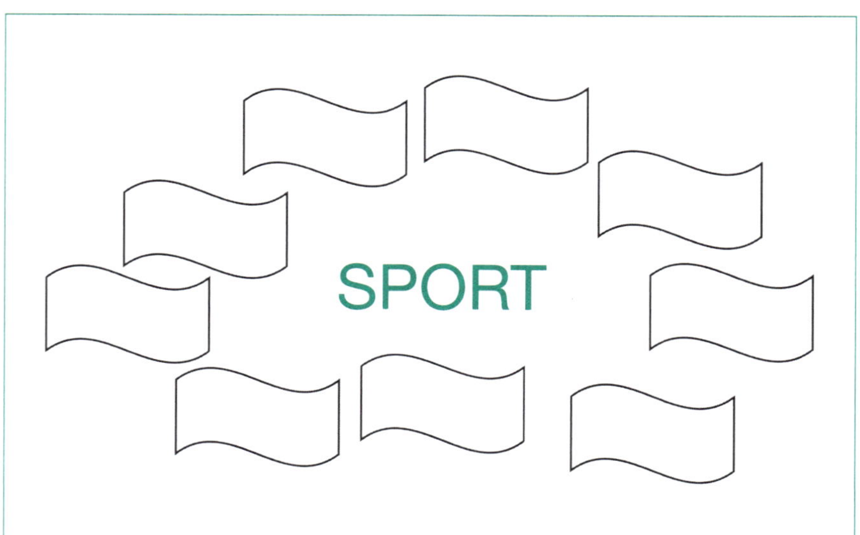

Sinnzuschreibungen für sportliche Betätigung unterscheiden sich von Mensch zu Mensch sehr stark.

Skizziere deine Wahrnehmung von Sport.

!

Der ______________ hat sich in der Geschichte schon immer ______________, in dem er auf den ______________________________ reagiert und sich darauf eingestellt hat. Somit unterliegen ________________ ebenso wie die ____________________ ständigen ______________________________.

1.2 Wie kann man Sport definieren?

Vergleiche Definition 1 und 2 im Lehrbuch

Gemeinsamkeiten	Unterschiede

Es gibt keine einheitliche Definition, da es DEN SPORT auch nicht gibt.

1.3 Welche Sportbereiche kann man unterscheiden?

Sportbereich	Erläuterung	Beispiel-sportarten

Sportbereich	Erläuterung	Beispiel-sportarten

1.4 Eingrenzungen was Sport ist

Forderungen des DOSB:

- Bekennen zu einem ______________________________.
- Bekennen zum ______________________________.
- Sportangebot soll Menschen zur ______________________________ dienen

  und strebt Gesundheit in ____________, ____________, ____________ Hinsicht an.

Voraussetzungen für die Aufnahme in den DOSB

1. = ______________________________

   ____

   ≠ ______________________________

2. = ______________________________

   ____

   ≠ ______________________________

   ____

3. = ______________________________

   ____

   ____

1.5 Wie ist der Sport in Deutschland organisiert?

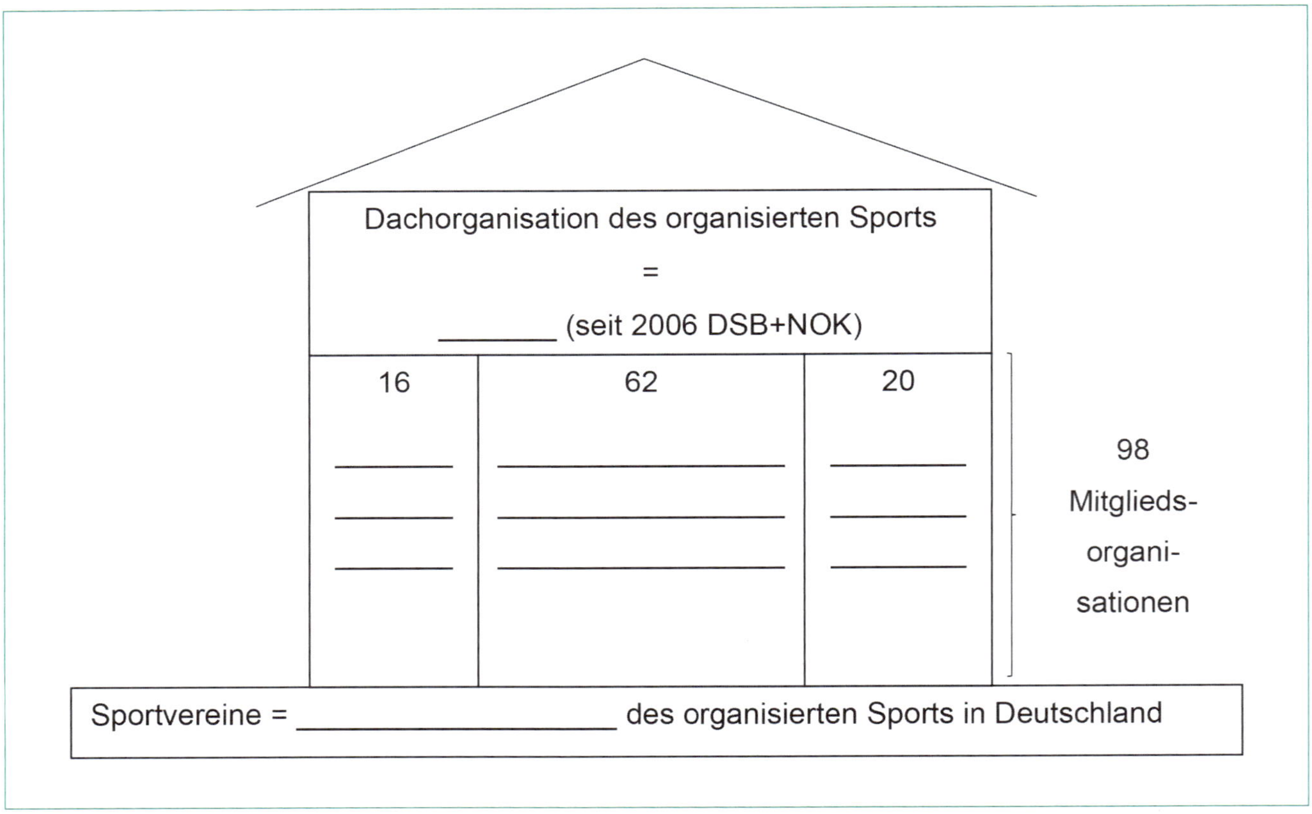

1.5.1 Sportvereine

Deutschland ➡ Entwicklung des modernen Sports ➡ Entstehung von ______________________________

91000 Vereine = ______________________________

= zentrale Träger für die Bereiche ______________, ______________, ______________________________

und ______________________________

➡ legen viel Wert auf ______________________________

Der organisierte Sport in Deutschland

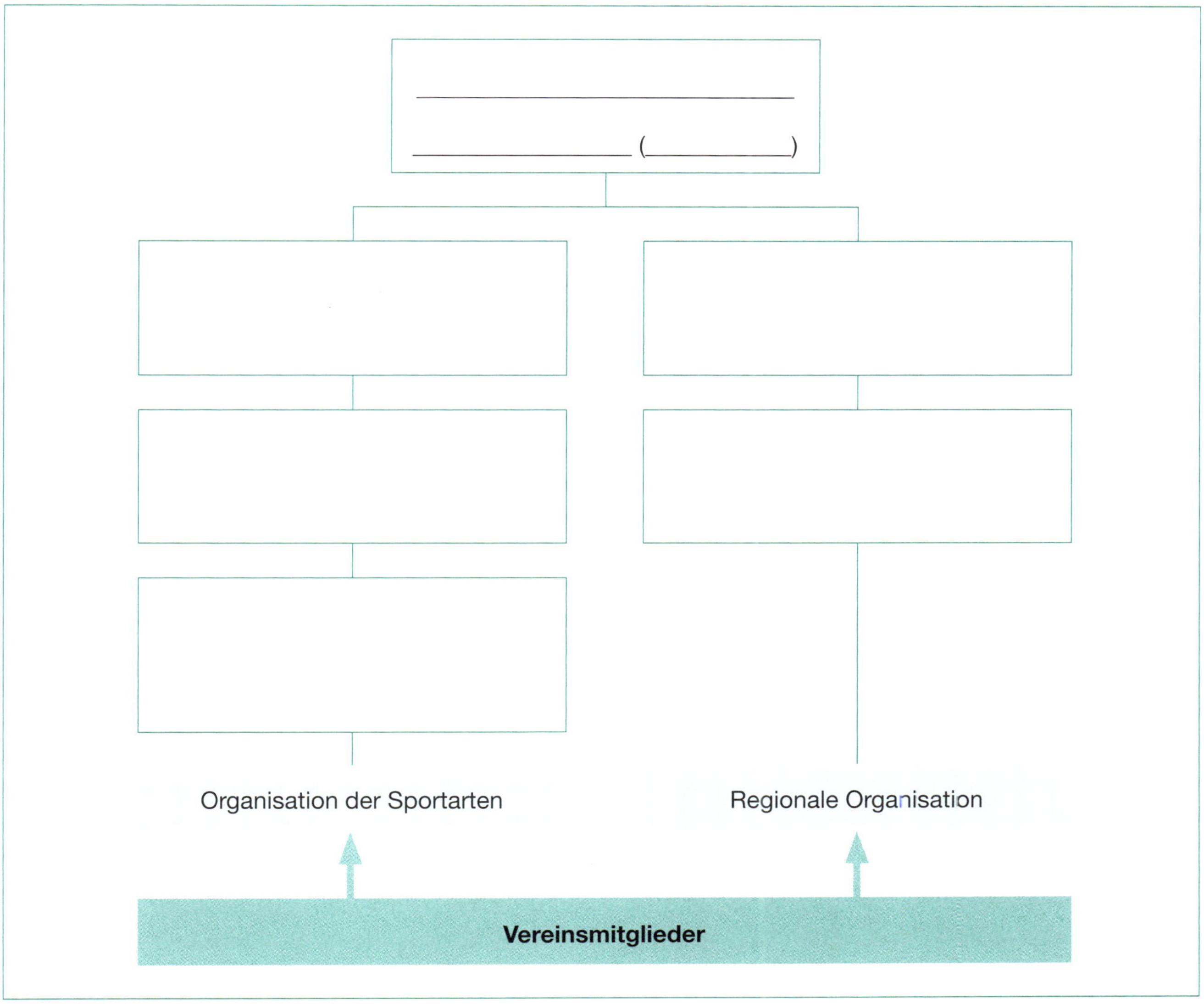

1.5.1.1 Organisationsformen von Sportvereinen

Sport ≠ Sport
Sportverein ≠ Sportverein

Immer stärker werdende Konkurrenz mit ____________________

Worin liegen deiner Meinung nach hierfür die Gründe? **!**

____

____

____

➡ Die Studie, die 2002 vom WLSB durchgeführt wurde, unterteilte die Vereine in 3 Haupt-Vereinstypen (mit verschiedenen Untertypen):

____________	____________	____________
• ____________	• ____________	• ____________
• ____________	• ____________	• ____________
• ____________	• ____________	• ____________

Suche jeweils Beispielvereine in deiner Wohnortnähe:

____________ ____________ ____________

Mitgliedsstarke Mehrspartenvereine mit unterschiedlichen Tätigkeitsfeldern organisieren sich häufig in mehrere

____________. ➡ Oftmals hauptamtlicher Geschäftsführer und weitere festangestellte Mitarbeiter.

Begründung:

____

1.5.1.2 Konstituierende Merkmale eines Sportvereins

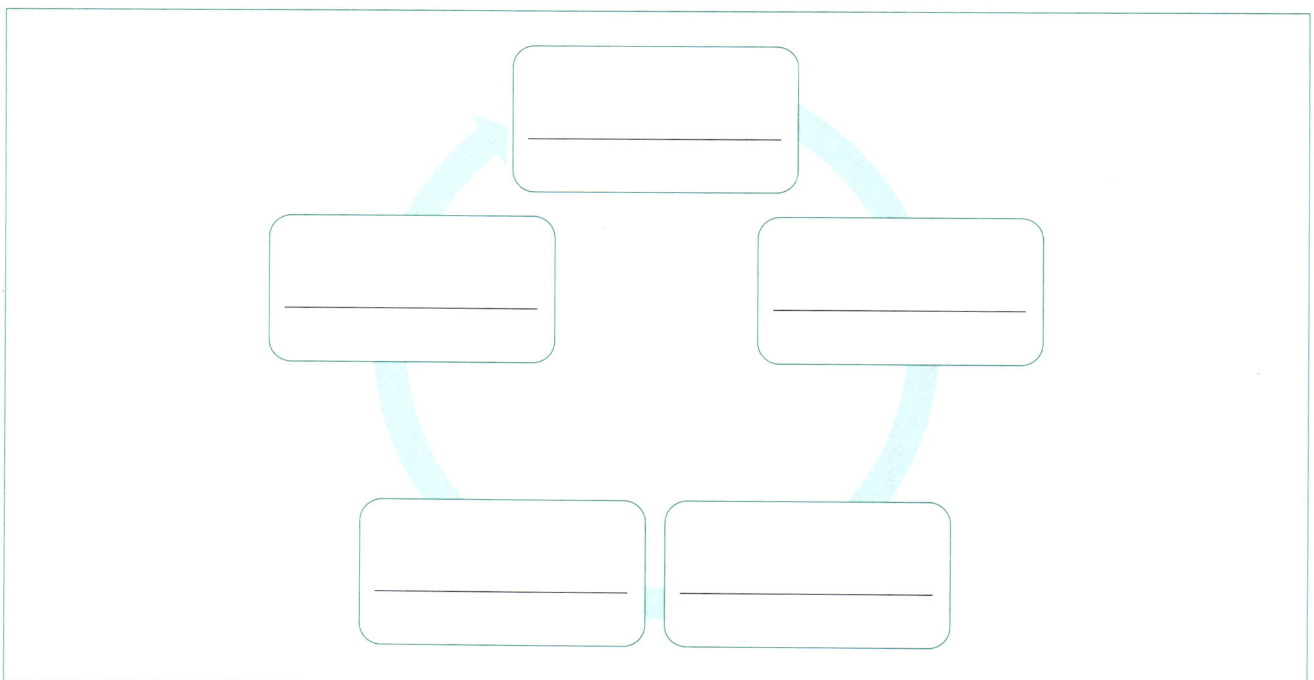

1.5.1.3 Wie gründet man einen Sportverein?

1. ______________________: ____
2. ______________________: ____
3. ______________________: ____
4. ______________________: ____
5. ______________________: ____

1.5.1.4 Der Sportverein – Ein konkurrenzloses Modell?

Reaktion:

____

____

____

____

Sportverein		Konkurrenzmodelle
	⇐	
	⇐	
	⇐	

Können auch ________________________________
für klassische Sportvereine sein.

1.5.2 Aufgaben und Ziele des DOSB

- Gründung: ____
- Zusammenschluss von: ______________________________ (__________)

  \+

  ______________________________ (______)
- Leitbild des DOSB: ______________________________
- Im Moment ist der Schirmherr des DOSB:

  ______________________________ (__________)
- Ziele des DOSB:

  ____

  ____

  ____

- Aufgabenspektrum des DOSB:

➡	➡	➡

1.6 Internationale Sportstrukturen – am Beispiel des Fußballs

( )	⟷	( )
Funktion:		Funktion:

1.7 Sport treiben ohne Vereinszugehörigkeit

!

Warum sind engagierte Sportler zum Teil kein Mitglied in einem Verein?

Nenne die 10 für dich nachvollziehbarsten Gründe:

Nenne 10 Gründe, die für dich die Vereinszugehörigkeit wertvoll machen:

____________________ ____________________

____________________ ____________________

____________________ ____________________

____________________ ____________________

____________________ ____________________

1.8 E-Sport

E-Sport = ____________________

Auswirkungen von E-Sport:

____

____

____

____

Folgen des E-Sports im Hinblick auf „echte“ Sportarten wie Handball, Basketball oder Eishockey:

____

____

____

DOSB:

E-Sport = Sport?

____

____

1.9 Trainer- und Übungsleiterausbildung im Sport

Sportvereine legen viel Wert auf qualifizierte Trainer/innen und Übungsleiter/innen.

➡ Jeder Fachverband bildet entsprechende Übungsleiter/innen und Trainer/innen aus.

Aufbau einer Trainerausbildung im WLSB:

Lehrgangsart	Lehrgangsart	Lehrgangsart	Lizenz-verlängerung
__________lehrgang Umfang: __________ Dauer: __________	__________lehrgang Umfang: __________ Dauer: __________	__________lehrgang Umfang: __________ Dauer: __________	__________ __________

1.9.1 Inhalte einer Trainerausbildung

Recherchiere die Ausbildung zur Übungsleiter-Lizenz einer dir beliebigen Sportart/Disziplin und ergänze die folgende Tabelle.

Übungsleiter ____-Lizenz ____________________:

	Erläuterungen
Voraus-setzungen	
Inhalte der Ausbildung	
Besonder-heiten	

1.9.2 Schülermentoren-Ausbildung Sport

Voraus-setzungen			
Tätigkeits-bereich			
Beispiel-sportarten			

Ziele	______ • ______ ______ ______ ______ • ______ ______ ______ ______ ______ ______	______ • ______ ______ ______ • ______ ______ ______ • ______ ______ ______	______ • ______ ______ ______ ______ ______ ______ • ______ ______ ______

Überprüfe dein Wissen ?

Aufgabe 1:

a) **G:** Woran erkennt man die gesellschaftliche Bedeutung des Sports?
b) **M:** Was wird unter dem „Staatsziel Sport" verstanden?
c) **E:** Der Sport hat eine große politische und wirtschaftliche Bedeutung. Erläutere.

Aufgabe 2:

a) **G:** Benenne die unterschiedlichen Sinnrichtungen des Sports.
b) **M:** Sport als Gesundheitsförderung oder Gesundheitserhaltung. Was versteckt sich ganz konkret hinter dieser Sinngebung des Sports? Wo liegen hier die Ziele?
c) **E:** Sport als Profit. Erläutere diese Sinngebung ganz konkret anhand eines Beispiels.

Aufgabe 3:

a) **G,M,E:** Was ist für dich Sport?
b) **G:** Gelingt es dem DOSB eine einheitliche Definition über Sport zu formulieren? Begründe.
c) **M,E:** Partnerarbeit:
Recherchiert in Fachliteratur weitere Definitionsversuche über Sport. Analysiert sie auf ihre Gemeinsamkeiten und Unterschiede. Was stellt ihr fest? Erläutert.

Überprüfe dein Wissen

?

Aufgabe 4:

a) **G:** Welche Sportarten zählen zum Fitnesssport?
b) **M:** Worin liegt der Unterschied zwischen Leistungssport und Breiten- und Freizeitsport? Gehe außerdem auf die Parallelen ein.
c) **E:** Welchem Sportbereich wird Parkour zugeordnet? Begründe, indem du auf die Besonderheiten dieser Sportart eingehst.

Aufgabe 5: **G,M,E**

Gruppenarbeit (6er-Gruppen):
Recherchiert paarweise einen Sportbund in Baden-Württemberg.
- Gruppe A: www.wlsb.de
- Gruppe B: www.badischer-sportbund.de
- Gruppe C: www.bsb-freiburg.de

Stellt euch anschließend die verschiedenen Sportbünde vor und notiert Gemeinsamkeiten und Unterschiede, deren Aufgaben und Ziele.

Aufgabe 6: **G,M,E**

Partnerarbeit:
Geht paarweise zu einem ansässigen Sportverein und holt folgende Informationen ein:
- Wie und wann wurde der Verein gegründet?
- Welchem Vereinstyp gehört der Verein an? Begründe.
- Wie sieht die Organisation des Vereins konkret aus?
  - Vorstandschaft
  - Geschäftsführung
  - Abteilungen
  - Mitglieder
  - Anzahl Lizenzierte Trainer/Übungsleiter
  - Ehrenamt
  - Erfolge
  - …
- Besonderheiten
  Gestaltet mit den gesammelten Informationen ein Plakat und stellt den Verein der Sportgruppe vor. (Vielleicht gibt es an eurer Schule die Möglichkeit, die Plakate als Informationswand – eine Art „Markt der Möglichkeiten zur Freizeitgestaltung“ – auszustellen.)

Aufgabe 7:

a) **G:** Für welche drei Aufgabenbereiche ist der DOSB verantwortlich? Nenne jeweils ein Merkmal zu jedem Bereich.
b) **M:** Erörtere „Der Sportverein – Ein konkurrenzloses Modell“.
c) **E:** Ein Aufgabenbereich des DOSB liegt in der Sportentwicklung. Darunter befindet sich die Forderung der Bildung im und durch Sport. Erläutere diesen Bildungsauftrag.

Überprüfe dein Wissen – Bearbeitung

Überprüfe dein Wissen – Bearbeitung

2 Was passiert im Körper, wenn wir Sport treiben?

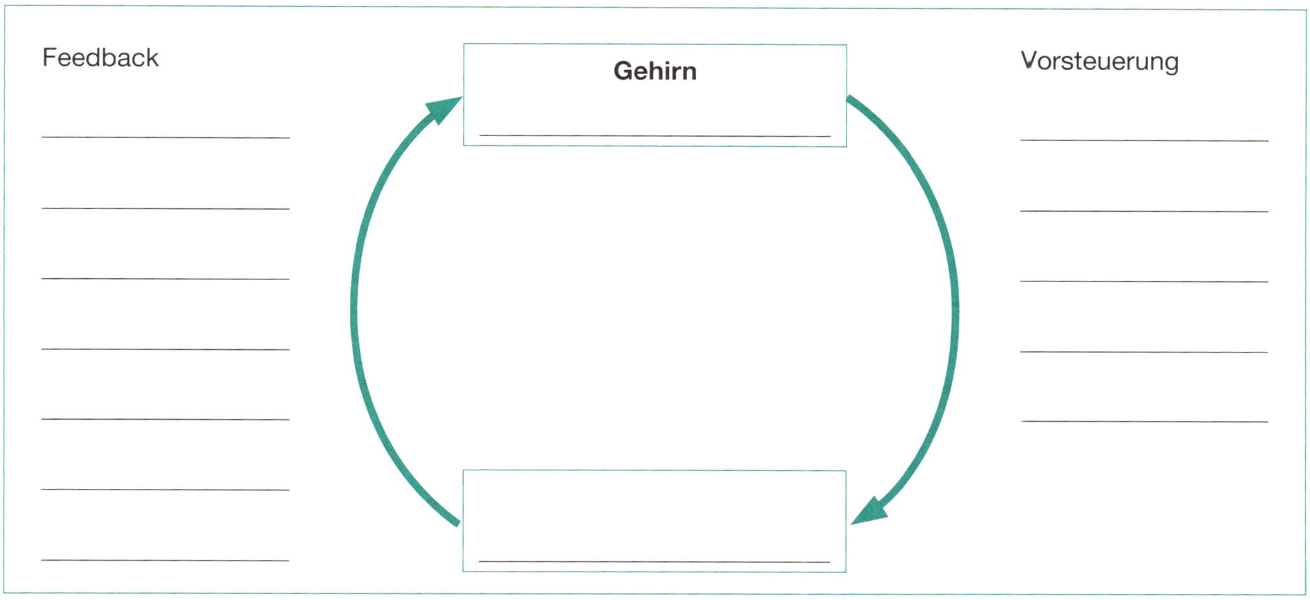

Wenn der Muskel im Sport bewegt werden soll, muss er

Der Muskelstoffwechsel wird weiterhin beeinflusst von

Wenn man sich im Sport intensiv bewegt kommt es in erster Linie zu einer Anpassung im

Ohne Energie gibt es keine ______

Die Nährstoffe, welche den Muskel versorgen sind

1. ______________________________

2. ______________________________

Da die Muskeln viel Sauerstoff benötigen muss die ______________________ ansteigen, damit mehr ______________________________ gelangen kann.

Dazu wird die ______________________________ erhöht.

Die Blutmenge, welche in einer Minute durch das Herz fließt, nennt man ____________________

Sport

______________________ steigt an:

____

____

Bsp.: ______________________________

______________________ steigt an:

____

____

Bsp.: ______________________________

Wird die sportliche Betätigung beendet ______________________________

Die Herz-Kreislauf-Größen ______________________________

Dies kann abhängig sein vom

1. ______________________________

2. ______________________________

3. ______________________________

Der ______________________________ übernimmt dann wieder die Regie.

Überprüfe dein Wissen ?

Aufgabe 1: **G,M,E**

a) Welche Vorsteuerungsfaktoren des Gehirns an den Muskel im Sport kennst du?
b) Welche Feedbackfaktoren des Gehirns an den Muskel im Sport kennst du?

Aufgabe 2:

a) **G:** Wenn der Muskel im Sport bewegt werden soll, müssen bestimmte Funktionen erfüllt werden. Welche sind dies?
b) **M:** Wenn der Muskel im Sport bewegt werden soll, müssen bestimmte Funktionen erfüllt werden. Erläutere, warum dies der Fall sein muss.
c) **E:** Wenn der Muskel im Sport bewegt werden soll, müssen bestimmte Funktionen erfüllt werden. Wie unterscheiden sich ein gut ausdauertrainierter Sportler und ein untrainierter Mensch darin voneinander?

Aufgabe 3:

a) **G:** Die Art des Stoffwechselgeschehens wird von mehreren Faktoren beeinflusst. Welche sind dies?
b) **M:** Die Art des Stoffwechselgeschehens wird von mehreren Faktoren beeinflusst. Erläutere, warum dies notwendig ist.
c) **E:** Die Art des Stoffwechselgeschehens wird von mehreren Faktoren beeinflusst. Finde unterschiedliche Beispiele aus dem Sport und beschreibe diese. Beschreibt in eigenen Worten, wie der Organismus sich auf Sporttreiben einstellt.

Gruppenarbeit

Aufgabe 4: **G,M,E**

Macht euch an unterschiedlichen sportlichen Belastungen klar, wie der „central governor" auf unterschiedliche Belastungen die verschiedenen Körpersysteme einstellt bzw. reguliert.
Welche sind spürbar? Welche bleiben euch verborgen?

Aufgabe 5: **G,M,E**

Wenn ihr unterschiedliche körperlich anstrengende Belastungen im Sport beendet, kehren verschiedene Parameter mehr oder weniger schnell in die Ruhesituation zurück.
Welche könnt ihr direkt wahrnehmen? Welche spürt ihr nicht?

Überprüfe dein Wissen – Bearbeitung

3 Spielregeln im Sport

3.1 Was sind Spielregeln?

Definition „Spielregeln" (Brockhaus)

„____

____

____

____

____

____"

Erläuterungen:

- ____

  ____
- ____

  ____
- ____

  ____

Zähle aus 3 Sportarten einige Regeln auf.

______________	______________	______________
Regeln:	Regeln:	Regeln:

Es gibt nur wenige sportliche Bewegungen, bei denen es keinerlei Vorschriften gibt.

Die Vorschriften zwingen die Spieler, ____.

Regeln:

- bestimmen ____
- bestimmen ____
- schaffen Rahmen von ____

  Dadurch wird Sport ____________, ____________ und ____________.
- haben ____

➡ ____

Merke:

____

Erläuterung:

____

____

____

- Aufgabe Schiedsrichter/Kampfrichter/Wertungsrichter:

  ____

3.2 Wozu sind Spielregeln notwendig?

Man legt durch Spielideen und Spielregeln fest, wie der Wettkampf in einer Sportart ablaufen soll und wie die Leistung (Treffer, Tore, Punkte) beurteilt wird.

Spielidee = Handlungsentwurf für die Spielenden. Aus der Spielidee lassen sich die konkreten Spielregeln herleiten.

Viele Spiele haben eine identische/ähnliche Spielidee:

____________ ←	Mit einem Spielgerät Tore/Treffer erzielen und gegnerische verhindern.	→ Eishockey
Völkerball ←	____________ ____________	→ ____________

Worin bestehen die Unterschiede der genannten Spiele?

Spiele:

- ____________: ____
- ____________: ____
- ____________: ____
- ____________: ____

(mod. nach Achtergarde, F.: Selbstständiges Arbeiten im Sportunterricht, Meyer & Meyer, 2003, S. 512 f)

Gruppenarbeit

1. **Badminton – Volleyball**
   Formuliert die Gemeinsamkeiten der beiden Spiele in Form der Spielidee sowie deren Unterschiede aus.

Spielidee	Unterschiede

(mod. nach Achtergarde, F.: Selbstständiges Arbeiten im Sportunterricht, Meyer & Meyer, 2003, S. 512 f)

2. Entwickelt aus einer für euch interessanten Spielidee ein neues Spiel.

Name des Spiels	!
Spielidee	
Anzahl der Spieler/ Mannschaften	
Spielfeld/ Spielgeräte	
Beschreibung **und** Ziel des Spiels	
Regeln	
Reflexion	

(mod. nach Achtergarde, F.: Selbstständiges Arbeiten im Sportunterricht, Meyer & Meyer, 2003, S. 512 f)

3. Entwickelt in eurer Gruppe aus der Spielidee Basketball ein neues Spiel, in dem ihr auf folgende Leitfrage eingeht: „Wie können möglichst viele am Spielerfolg teilhaben?“

Name des Spiels	!
Spielidee	
Anzahl der Spieler/ Mannschaften	
Spielfeld/ Spielgeräte	
Beschreibung **und** Ziel des Spiels	
Regeln	
Reflexion ➡ Was hat funktioniert? ➡ Was hat nicht funktioniert? ➡ Was muss geändert werden?	

Wozu sind Spielregeln notwendig?

Wettkampf

„______________________________

______________________________“

→ „______________________“, die man durch Regeln geleitet austrägt. → Sport

„Handball ohne Regel“

Beschreibe ganz konkret, wie ein solches Spiel verlaufen würde:

____

____

____

____

____

Für den Sportler gibt es Regeln, auf die man nicht verzichten darf.

Es werden 3 Arten von Regeln unterschieden:

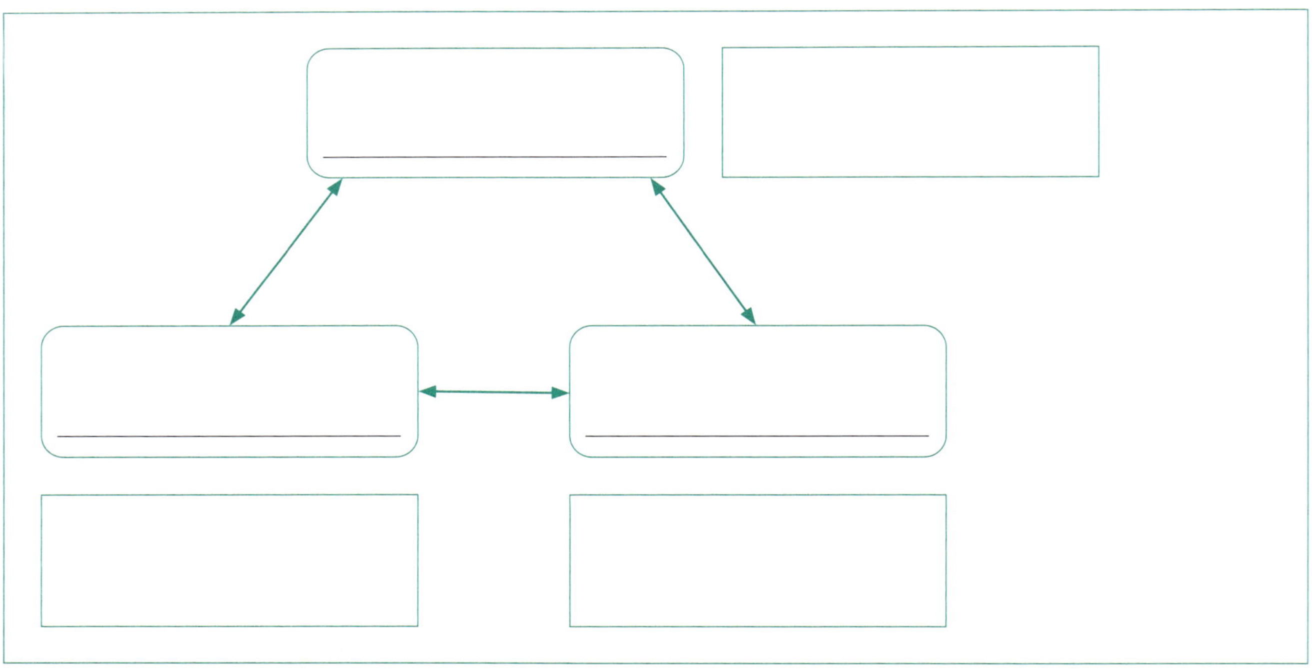

3.3 Wie hängen die Regeln miteinander zusammen?

Merke:

____

Gemeinsame Anerkennung und Achtung aller Regeln

____

____

____

____

➡ Einhaltung von Regeln = ______________________________

Welche „fairen“ Verhaltensweisen, die so nicht im Regelwerk auftauchen, sind dir im Sport bekannt?

!

____

____

____

____

3.4 Regelveränderungen und Spielveränderungen

Ändern der Regeln einer Sportart ➡ Veränderung der Sportart

Voraussetzung zum Kreieren „neuer“ oder „alternativer“ Sportarten:

____

Intermannschaftliches Handeln	**Intra**mannschaftliches Handeln
______	______
______	______
______	______
______	______
______	______
Gültigkeit: ❏ eigene Mannschaft ❏ Gegner	Gültigkeit: ❏ eigene Mannschaft ❏ Gegner

Wie lässt sich Neues herstellen?

Beispiel: Übertragung der konstitutiven Regeln eines Spiels unter völliger Beibehaltung aller übrigen Regeln auf ein anderes Sportspiel.

➡ In der Vergangenheit haben sich so zum Teil „neue" Spiele entwickelt und bei Olympischen Spielen etabliert.

Volleyball ➡ ______ Handball ➡ ______

Tischtennis ➡ ______ Fußball ➡ ______

➡ Machen deiner Meinung nach alle „alternativen" Sportarten, die durch Regelveränderungen kreiert wurden, Sinn? Begründe.

!

______

______

______

______

3.5 Spielregelveränderungen am Beispiel Futsal

Überprüfe dein Wissen

?

Aufgabe 1:

a) **G:** Ausgehend von welcher Spielidee wurde Futsal entwickelt?

b) **M:** Erläutere Unterschiede und Gemeinsamkeiten zwischen Futsal und dem in Deutschland bekannten traditionellen Hallenfußball?

c) **E:** Ausgehend von welcher Spielidee wurde Futsal entwickelt? Erläutere konkret die Spielregelveränderungen.

Aufgabe 2:

a) **G:** Warum wird vom DFB seit 2006 ein offizieller DFB-Futsal-Cub angeboten?

b) **M:** Woran lässt sich der zunehmend höhere Stellenwert von Futsal erkennen?

c) **E:** „Futsal – das Sprungbrett zum Fußball"
Erläutere.

Aufgabe 3:

a) **G:** Benenne die Schlussfolgerungen der Futsalstudie.

b) **M:** Im Sportunterricht führt der Lehrer innerhalb der Einheit „Fußball" *Futsal* ein. Wie beurteilst du diese Trainingsmethodik?

c) **E:** Futsal als Alternative oder Unterstützung zum Fußball?
Erläutere anhand der Ergebnisse der Futsalstudie.

Überprüfe dein Wissen – Bearbeitung

!

Gruppenarbeit

?

Bildet innerhalb eurer Sportgruppe gerechte Mannschaften mit jeweils 4 Spielern.

Um die Mannschaften gerecht zu gestalten, sollte Verschiedenes beachtet werden.
Sammelt innerhalb eurer Gruppe Hinweise, auf die ihr bei der Gruppeneinteilung Rücksicht nehmen solltet.

- ____________________
- ____________________
- ____________________
- ____________________
- ____________________
- ____________________

!

Mannschaftsvorschläge mit jeweils 4 Spielern:

1. _____ _____ _____ _____
2. _____ _____ _____ _____
3. _____ _____ _____ _____
4. _____ _____ _____ _____
5. _____ _____ _____ _____
6. _____ _____ _____ _____
7. _____ _____ _____ _____

(mod. nach Achtergarde, F.: Selbstständiges Arbeiten im Sportunterricht, Meyer & Meyer, 2003, S. 508 f)

?

Überlegt euch gemeinsam mit eurer Sportgruppe „sportspielübergreifende“ Regeln:

- ____________________
- ____________________
- ____________________
- ____________________
- ____________________
- ____________________

Spielidee:

„Der Ball soll innerhalb der Mannschaft gepasst und anschließend in ein Ziel geworfen werden. Die gegenerische Mannschaft versucht, das zu verhindern.“

(Achtergarde, F.: Selbstständiges Arbeiten im Sportunterricht, Meyer & Meyer, 2003, S. 518 f)

!

✓ Konstitutive Regeln

- ____________________
- ____________________
- ____________________
- ____________________
- ____________________
- ____________________
- ____________________

✓ Moralische Regeln

- ____________________
- ____________________
- ____________________
- ____________________

✓ Strategische Regeln

- ______________________________
- ______________________________
- ______________________________

➡ Führt das Spiel mit eurer Sportgruppe durch. Evaluiert eure Regeln und verändert sie gegebenfalls.

✓ Reflexion

____

____

____

____

Überprüfe dein Wissen ?

Aufgabe 1:

a) **G:** Was wird als Spielidee bezeichnet?

b) **M:** Warum stellen Regeln und Spielregeln ein zentrales Bauprinzip des Sports dar? Begründe ausführlich.

c) **E:** Wähle eine Sportart aus und erläutere anhand dieser ihre Spielidee und die verschiedenen Arten der Spielregeln im Sport.

Aufgabe 2:

a) **G:** Was wird unter Fairness verstanden? In welchen Situationen kann Fairness verloren gehen?

b) **M:** Es gibt verschiedene Arten von Spielregeln im Sport. Wie hängen die Regeln miteinander zusammen?

c) **E:** An deiner Schule organisiert der Profilfach Sport-Kurs ein Fairplay-Turnier. Überlegt euch in Partnerarbeit, welche Sportart sich hierfür eignen würde und welche Regelveränderungen für den Fairplay-Gedanken notwendig wären.

Aufgabe 3:

a) **G:** Der faire Umgang der Sportler miteinander ist im Sport oberstes Gebot. Wo wird dieser Gedanke „gelebt"?

b) **M:** Wer legt die inter- und intramannschaftlichen Regeln fest? Beschreibe diese anhand einer konkreten Sportart und konkreten Mannschaft.

c) **E:** Wie lassen sich „neue" Spiele kreieren? Erläutere anhand eines selbst kreierten „neuen" Spiels. Recherchiere ein „neues" Spiel, das sich als solches bei den Olympischen Spielen etabliert hat. Stelle die Veränderungen des „alten" und „neuen" Spiels gegenüber.

Überprüfe dein Wissen – Bearbeitung

4 Kommunikation und Kooperation

!

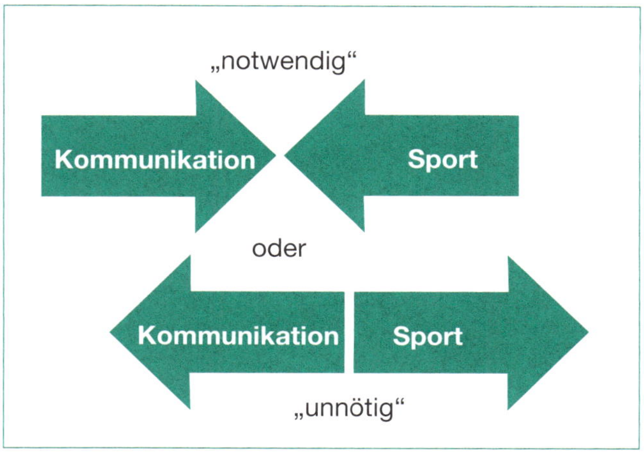

Was denkst du?

____

____

____

____

____

Finde passende Beispiele aus der Praxis:

____

____

____

____

____

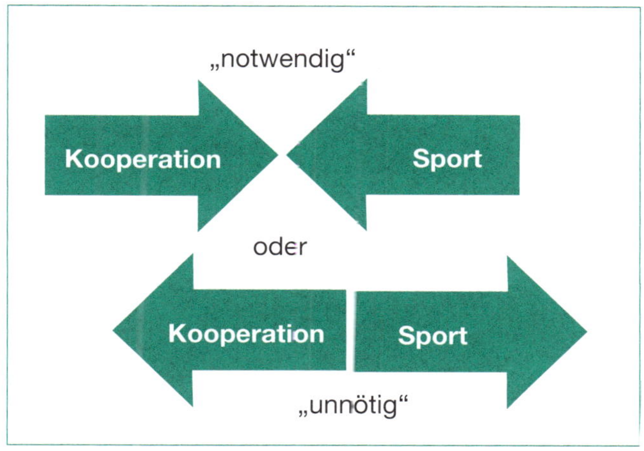

Was denkst du?

____

____

____

____

____

Finde passende Beispiele aus der Praxis:

____

____

____

____

____

Basis für Kommunikation:

Körpersprache →

Kommunikation			

4.1 Was muss man über Kommunikation wissen?

Kommunikationsmodell von Schulz von Thun

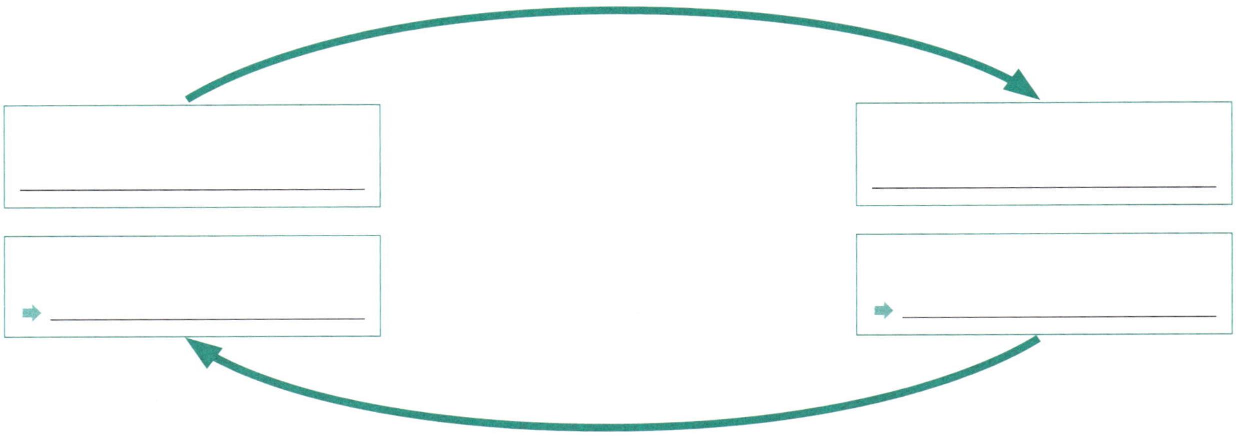

Die vier Seiten der Kommunikation

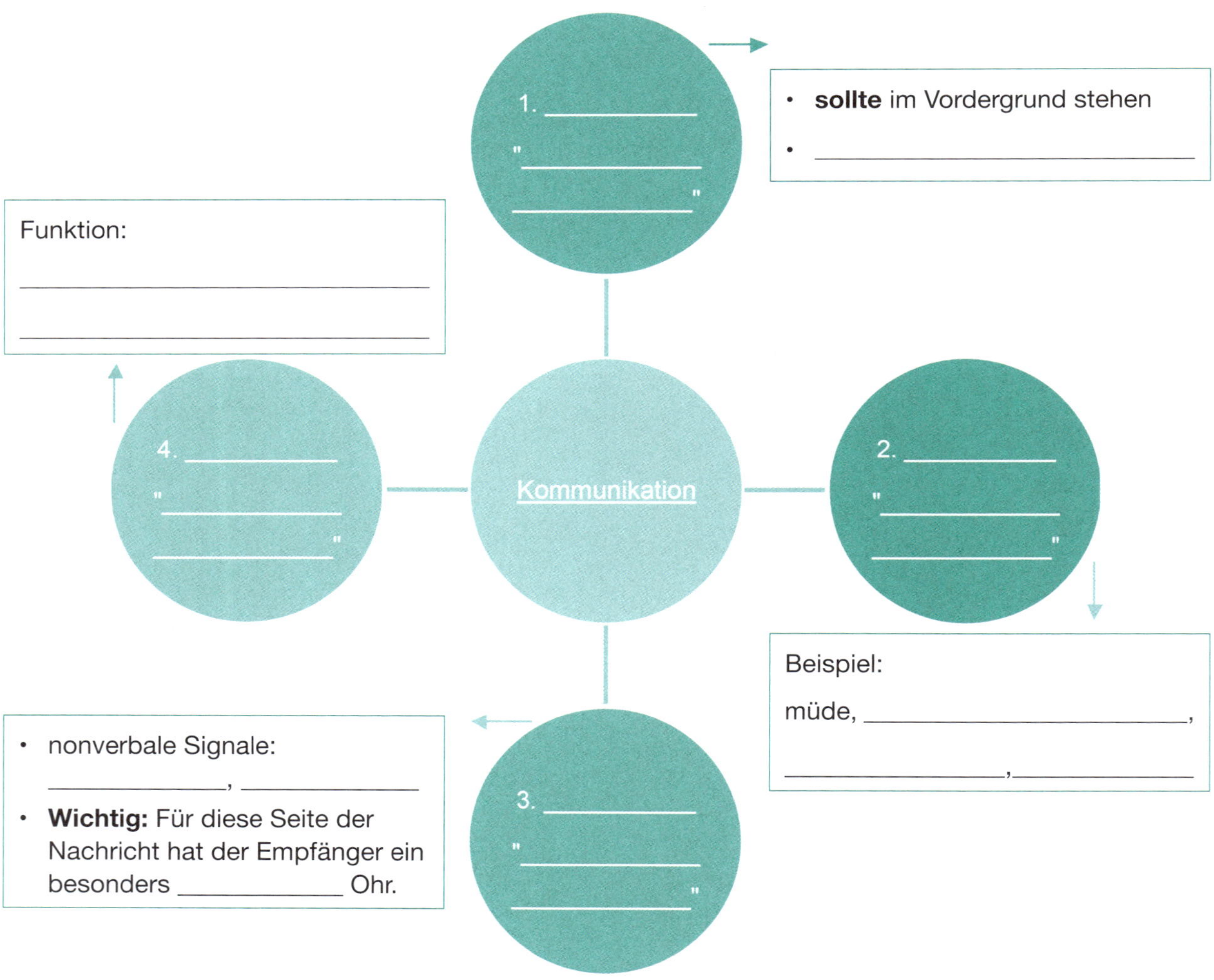

Kommunikationsverlauf

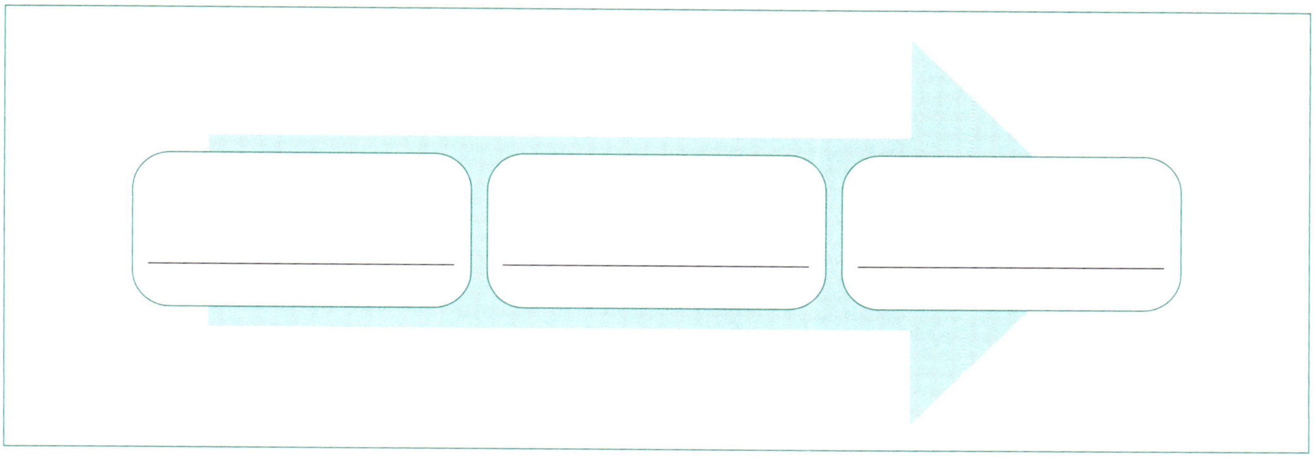

4.2 Beispiel Taktik und Kommunikation

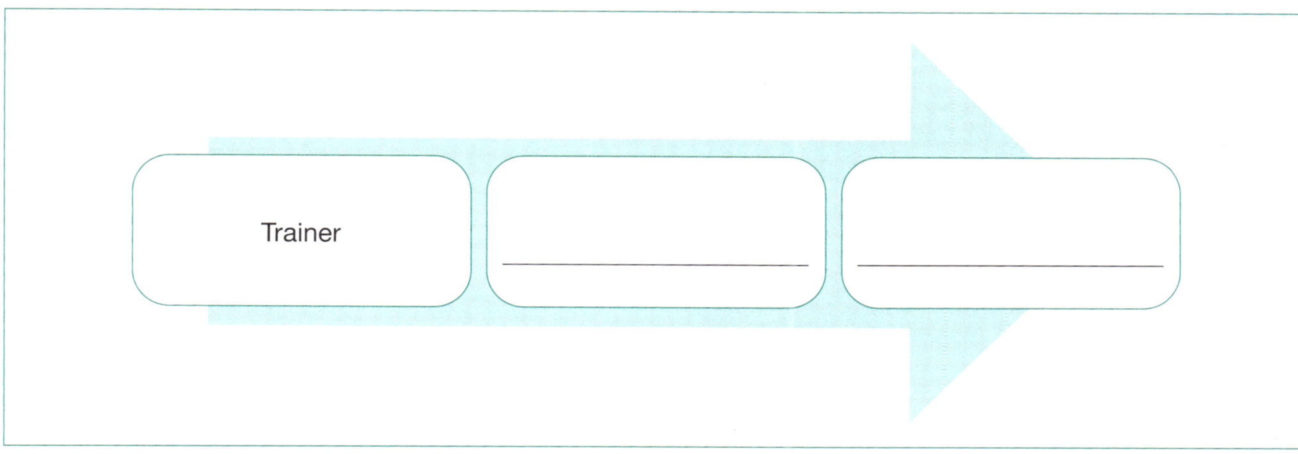

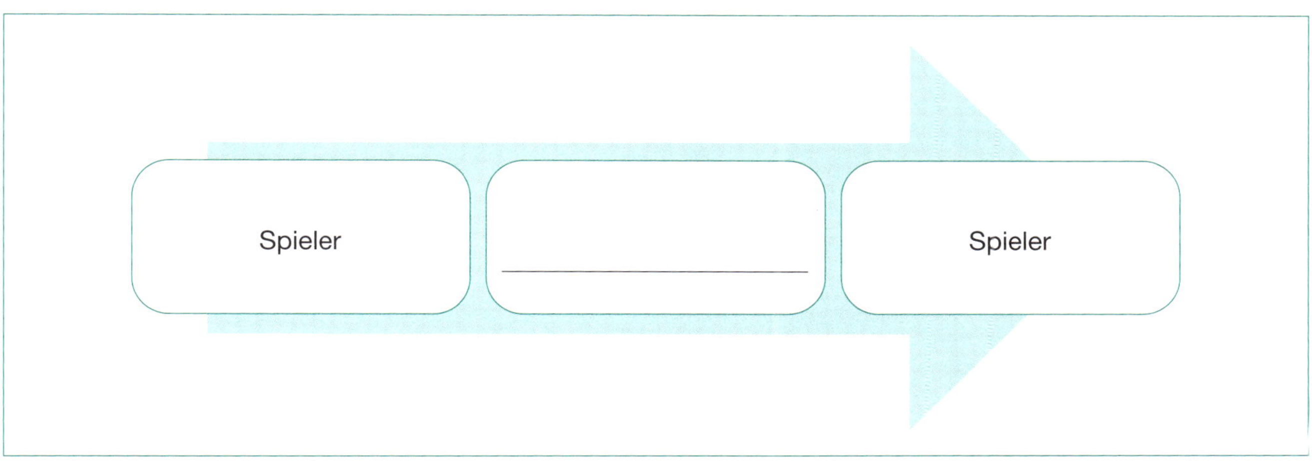

➡ **Kommunikation = wichtiges Merkmal von Sportspielen**

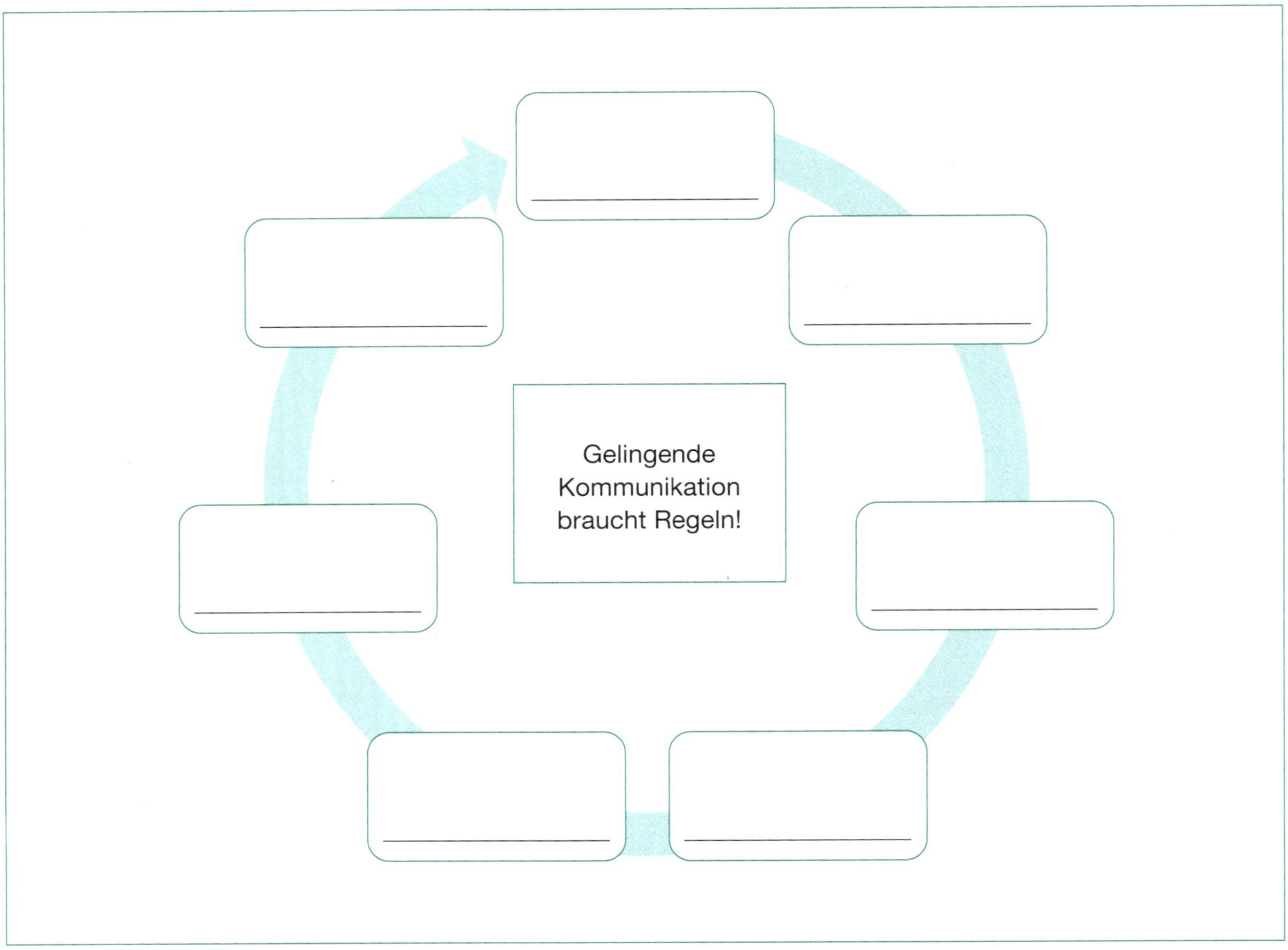

4.3 Kooperation und Teamfähigkeit

➡ Es hängt von der Sportart ab, wie **stark** kooperiert werden muss.

Basketball	______	______	______	______	______

4.4 Mannschaftstypen im Sport

Definition Mannschaft:

____

____

Bei den Mannschaftstypen gilt es zwei Aspekte zu berücksichtigen:

1. ______________________________

interaktiv

Sportarten:

____

____

Ergebnis kommt zustande durch:

- ______________________
- ______________________
- ______________________
- ______________________
- ______________________

additiv

Sportarten:

____

____

= Addition der

____

- Am Ergebnis erkennt man, ______________________
- Möglicher Konflikt: ______________________ ______________________

summativ

Sportarten:

____

____

= Leistungsergebnis kommt durch ______________________ ______________________ zustande.

- Sportliche Leistung = ______________________
- Einzelleistung nicht ____________ und ____________.

2. ______________________________

Interaktive Sportarten

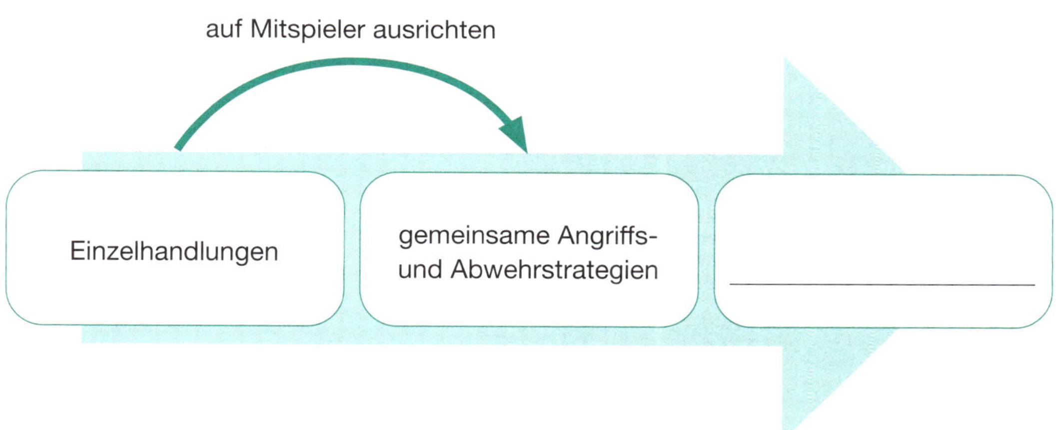

Koaktive Sportarten

- Keine bzw. geringe Teaminteraktionen
- Beispiel: ______________________________

4.5 Kommunikation im Mannschaftssport

Möglichkeiten der Kommunikation

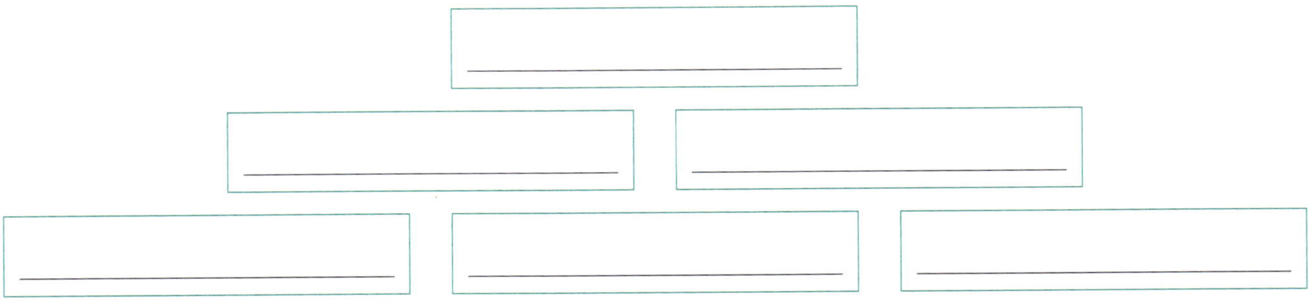

- Im Laufe der Zeit lernen die Spieler, auf Signale ihrer Mitspieler zu reagieren.
- Emotional belastete Situationen ➡ ______________________________

4.6 Strukturen von Sportmannschaften

Kennzeichen einer Mannschaft

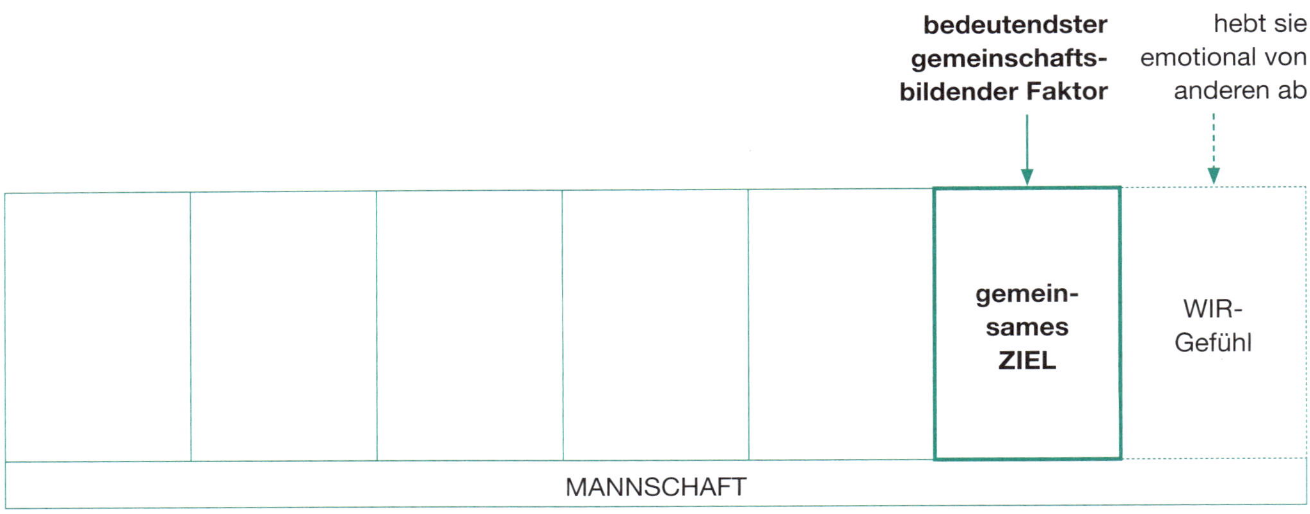

4.6.1 Teamgeist und Mannschaftszusammenhalt

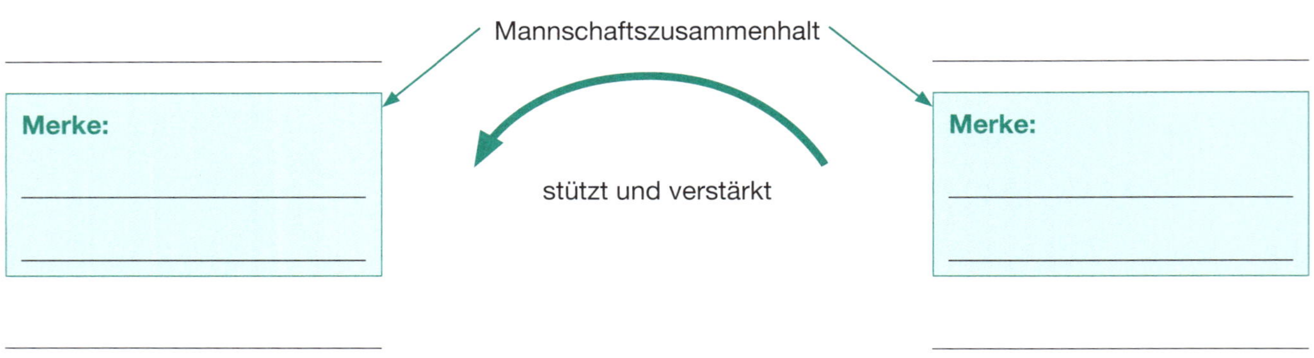

4.6.2 Welche Möglichkeiten der Mannschaftsbildung gibt es?

Bildung einer Mannschaft = Prozess ______________________________

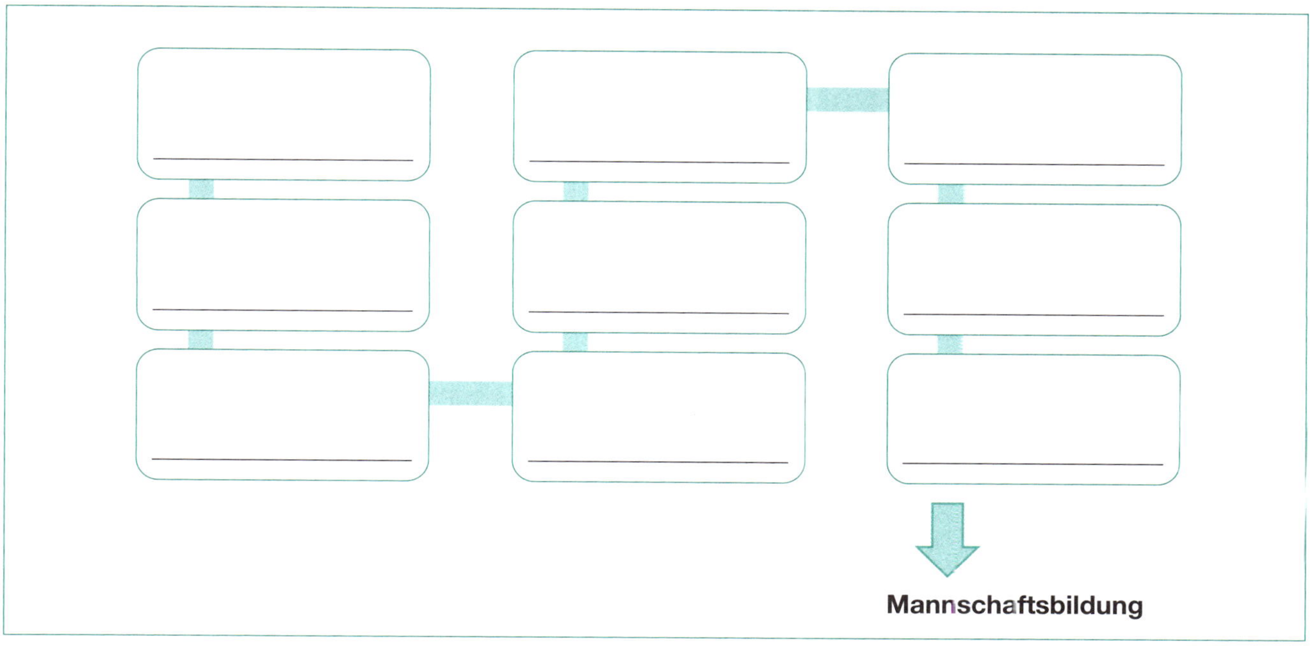

Für den Teamzusammenhalt sind wichtig:

- ______________________________
- ______________________________

Partnerarbeit:

Überlegt euch, wie eine solche Teambildungsmaßnahme aussehen könnte.
Notiert euch außerdem die konkreten Ziele der Übung.

4.6.3 Was können einzelne Spieler zum Teamzusammenhalt beitragen?

ICH → **WIR** → ______________________

Beispiel
„Vive La Mannschaft“

- ______________________
- ______________________
- ______________________
- ______________________
- ______________________
- ______________________
- ______________________
- ______________________
- ______________________

Überprüfe dein Wissen

?

Aufgabe 1:

a) **G:** Haben Kommunikation und Kooperation etwas mit dem Erfolg im Sport zu tun? Begründe.

b) **M:** Welche Grundvoraussetzungen müssen gegeben sein, damit Kommunikation gewinnbringend ist?

c) **E:** Ein Trainer einer Fußballmannschaft lobt seine Spieler in der Halbzeitpause über das bereits Erreichte.
Er steht mit hängenden Schultern und gelangweilter Mimik, mit seinen Händen in den Hosentaschen vor den Spielern. Er hält keinen Blickkontakt, sondern schaut in Richtung Boden.
Nimm Stellung dazu.

Aufgabe 2:

a) **G:** Erkläre den Grundvorgang der Kommunikation nach Schulz von Thun.

b) **M:** Beschreibe die vier Seiten des Kommunikationsmodells nach Schulz von Thun.

c) **E:** Erläutere den Kommunikationsverlauf nach Schulz von Thun an einem konkreten Beispiel.
Handballspieler zu seinem Mitspieler: „Wirf, das Tor ist leer!“

Aufgabe 3:

a) **G:** Nenne die Aspekte einer gelingenden Kommunikation.

b) **M:** Ein Aspekt gelingender Kommunikation stellt die „Toleranz“ dar.
Was bedeutet dies konkret für die Kommunikation im Sport?

c) **E:** Erläutere anhand des Modells nach Schulz von Thun, was der Aspekt „Die Sachinformation sollte im Vordergrund stehen“ bedeutet? Was passiert, wenn nicht die Sachinformation im Vordergrund steht?

Aufgabe 4:

a) **G:** Definiere den Mannschaftsbegriff und beschreibe diesen konkret anhand einer ausgewählten Mannschaft.

b) **M:** Beschreibe interaktive und koaktive Sportarten und nenne passende Beispielsportarten.

c) **E:** Erläutere anhand passender Sportarten/Disziplinen, wie Mannschaftsergebnisse erfolgen.

Aufgabe 5:

a) **G:** Benenne und erkläre die beiden Aspekte, von denen der Zusammenhalt einer Mannschaft bestimmt wird.

b) **M:** Denke an eine Krisenzeit einer Mannschaft, in der Erfolge ausbleiben und Misserfolge dominieren.
Welche Aspekte des Zusammenhalts einer Mannschaft sind nun sehr bedeutend?

c) **E:** Eine Bundesligafußballmannschaft setzt sich unter Umständen halbjährlich neu zusammen.
Welche Möglichkeiten der Mannschaftsbildung gibt es? Erläutere außerdem die Auswirkungen solcher Maßnahmen.

Überprüfe dein Wissen – Bearbeitung

5 Fitness und Fitnesstraining

Skizziere deine Wahrnehmung zu Fitness.

!

Vierergruppen:

Vergleicht eure Bilder/Skizzen und diskutiert die Gemeinsamkeiten und Unterschiede zum Thema Fitness.

____

____

____

____

____

____

Fitness leitet sich sprachlich gesehen vom englischen Verb

________ = ____________________ ab.

Bei der Frage nach der Fitness geht es immer um die Beiwörter „fit wofür?“.

➡ Fitness = ____

Dieses Ziel wird am häufigsten durch Formen von ______________________ angestrebt.

Mit einer guten Fitness ist in aller Regel auch ein ____________ ____________________ verbunden.

Definition: (Weltgesundheitsorganisation)

Gesundheit = „____

____“.

Mögliche Folgen körperlicher Inaktivität:

- ______________________________
- ______________________________
- ______________________________
- ______________________________
- ______________________________
- ______________________________
- ______________________________
- …

Besonders gesund sind dynamische, lang andauernde Sportarten wie ____________, ____________, ____________, ____________, ____________ und ____________ (aufgrund ihrer unterschiedlichsten Beanspruchungsformen).

Verbesserung von:

- ____________________
- ____________________
- ____________________
- ____________________
- ____________________
- ____________________

Arteriosklerose = ____________________

____

____

____

____

!

Mein Bewegungstagebuch

Tätigkeit	Dauer (Stunden/Tag)
Liegen	
Sitzen	
Stehen	
Bewegung	
davon Sport/ intensive Bewegung	

Bewegungstagebuch – „Idealform"

Tätigkeit	Dauer (Stunden/Tag)
Liegen	
Sitzen	
Stehen	
Bewegung	
davon Sport/ intensive Bewegung	

➡ Schlussfolgerungen für meine körperlich-sportliche Aktivität bzw. Fitness:

____

____

____

____

____

____

____________________.

Überprüfe dein Wissen ?

Aufgabe 1:

a) **G:** Was versteht man nach der Definition der Weltgesundheitsorganisation unter Gesundheit?

b) **M:** Kann Gesundheit mit der Abwesenheit von Krankheiten gleichgesetzt werden? Begründe.

c) **E:** Ist Gesundheit etwas, das man beeinflussen kann? Wenn nein, warum nicht? Wenn ja, wodurch?

Aufgabe 2:

a) **G:** Welche Erkrankungen können auf Bewegungsmangel zurückgeführt werden?

b) **M:** Aus welchen Gründen belohnen heutzutage immer mehr Krankenkassen das Sporttreiben mit einer Beitragsrückzahlung? Begründe ausführlich.

c) **E:** Was wird unter Arteriosklerose verstanden?
Welche Auswirkungen hat sie auf den menschlichen Organismus?
Wie kann Arteriosklerose verzögert bzw. deren Rückgang positiv beeinflusst werden?

Aufgabe 3: **G,M,E**

In Fitnessstudios wird im Rahmen des Fitnesstests bzw. Gesundheitschecks der Blutdruck jedes Kunden gemessen.
Recherchiert in Partnerarbeit, wie der Blutdruck zustande kommt, was er mit Sport zu tun hat und wie sich Sporttreiben auf den Blutdruck auswirkt.

Überprüfe dein Wissen – Bearbeitung

Gruppenarbeit (Dreiergruppen):

?

!

Was bedeutet für dich „Training“?

Diskutiert darüber und schreibt stichwortartig eure Überlegungen auf.

Merke:

Sportliches Training ist aus sportpädagogischer Sichtweise ein

____

____

____

____

____

____

individuellen Leistung.

5.1 Voraussetzungen für ein gelingendes Training

„Mache es so, und es wird gut!“

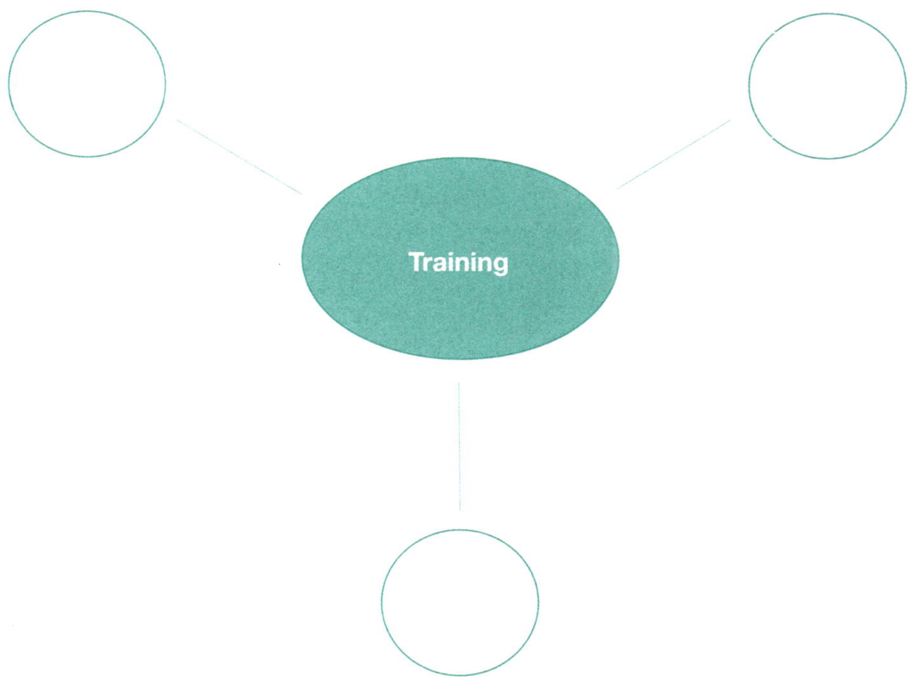

5.2 Die motorischen Hauptbeanspruchungsformen

Konditionelle Fähigkeiten

______________	
______________	

________________	
________________	

➡ **Kondition wird hier als die Summe der Fähigkeiten bezeichnet, die mit Kraft, Schnelligkeit, Ausdauer und Beweglichkeit in Verbindung stehen.**

Exkurs

Koordinative Fähigkeiten

Koordinative Fähigkeit	Beschreibung	Beispiel-sportarten
Umstellungs-fähigkeit	Die Umstellungsfähigkeit stellt die Grundlage, bei Situationsveränderungen das Handlungsprogramm den neuen Gegebenheiten anzupassen.	________ ________ ________
Differenzierungs-fähigkeit	Die Differenzierungsfähigkeit macht das Erreichen genauer Feinabstimmungen einzelner Bewegungsphasen möglich und unterscheidet Kraft-, Raum- und Zeitparameter innerhalb eines Bewegungsvollzuges präzise.	________ ________ ________
Reaktionsfähigkeit	Die Reaktionsfähigkeit ist die Fähigkeit, zum zweckmäßigsten Zeitpunkt mit einer aufgabenbezogenen Geschwindigkeit auf Signale reagieren zu können.	________ ________ ________
Orientierungs-fähigkeit	Orientierungsfähigkeit bestimmt die Lageveränderungen des Körpers in Raum und Zeit und ist damit die Fähigkeit zur raum-zeit-orientierenden Antizipation und Bewegungssteuerung.	________ ________ ________

Koordinative Fähigkeit	Beschreibung	Beispiel-sportarten
Gleichgewichts-fähigkeit	Die Gleichgewichtsfähigkeit erlaubt es, Formen des statischen und dynamischen Gleichgewichts während und nach Bewegungsvollzügen beizubehalten und wieder herzustellen.	
Kopplungs-fähigkeit	Kopplungsfähigkeit ist die Fähigkeit, Teilkörperbewegungen, Einzelbewegungen und Operationen zu einer zielgerichteten Gesamtbewegung zu koordinieren.	
Rhythmisie-rungsfähigkeit	Die Rhythmisierungsfähigkeit erlaubt es, Bewegungen von außen und innen vorgegebenen Rhythmen anzupassen.	

(vgl. Dietrich, M., Carl, K., Lehnertz, K.: Handbuch Trainingslehre, Hofmann Schorndorf, 1991, S. 59 f)

Sportliche Leistungsfähigkeit

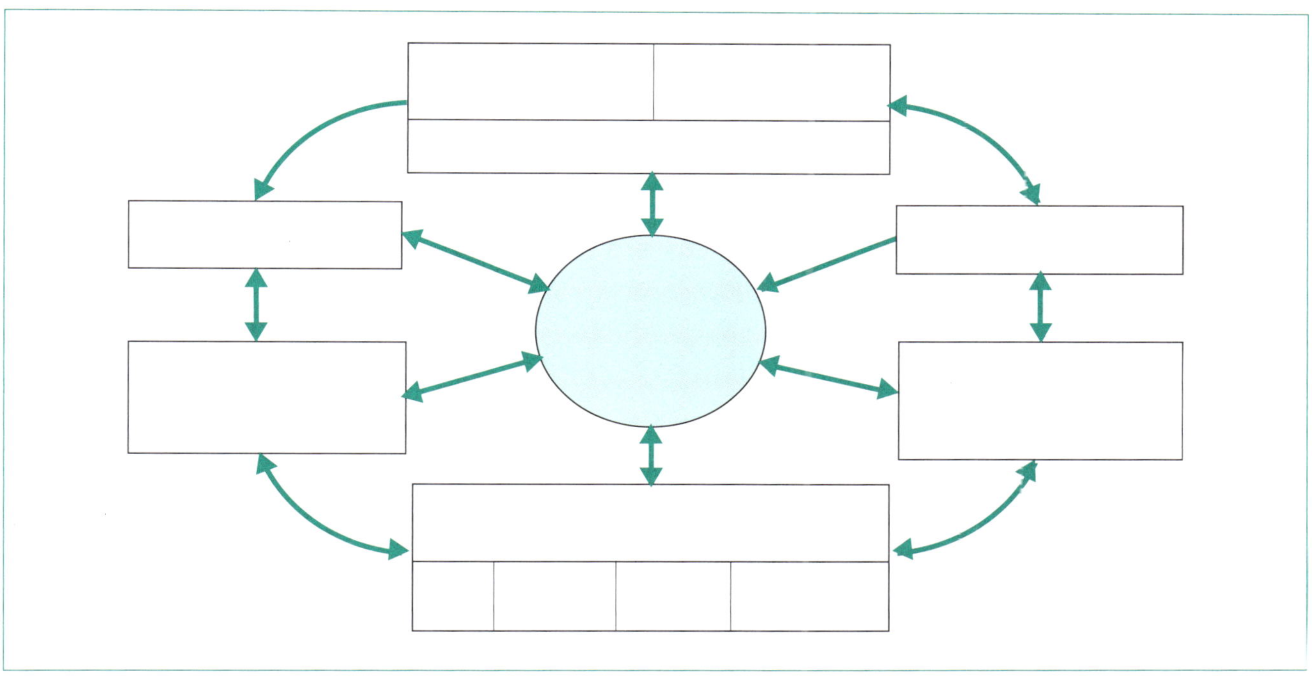

Überprüfe dein Wissen

?

Aufgabe 1:

a) **G:** Was kennzeichnet Training, welche Voraussetzungen sind wichtig?

b) **M:** Stelle ein Gerüst für ein Training eines Grundschülers im Leichtathletikverein seines Heimatortes und einem Leistungssportler im Bereich Leichtathletik zusammen. Beschreibe die gemeinsamen Kennzeichen und die Voraussetzungen. Wo liegen die Unterschiede?

c) **E:** Ein Trainer einer Jugendfußballmannschaft bildet im Training zwei Mannschaften und wirft einen Ball ins Spielfeld. Die Jugendspieler spielen begeistert und ehrgeizig die komplette Sportstunde Fußball.
Wie beurteilst du dieses Training?

Aufgabe 2:

a) **G:** Was versteht man unter den konditionellen Fähigkeiten?

b) **M:** Trainingsziel – Schwimmen: „Lege schnellstmöglich eine Strecke von 1,5 km im Bodensee zurück." Welche Fähigkeiten werden dazu benötigt?

c) **E:** Stelle anhand eines Praxisbeispiels die Wechselbeziehungen der konditionellen und koordinativen Fähigkeiten dar.

Aufgabe 3:

a) **G:** Was versteht man unter Kopplungsfähigkeit? Beschreibe die Fähigkeit anhand einer Beispielsportart bzw -disziplin.

b) **M:** Inwieweit spielen psychische Fähigkeiten bei einem Marathonlauf eine Rolle? Begründe.

c) **E:** Analysiere eine dir bekannte Sportart nach der Abbildung „Sportliche Leistungsfähigkeit".

Überprüfe dein Wissen – Bearbeitung

Überprüfe dein Wissen – Bearbeitung

6 Gesetzmäßigkeiten des Trainings

Merke:
Wenn man regelmäßig im Fitnessstudio Krafttraining absolviert, so ist man nach ein paar Wochen bzw. Monaten in der Lage, ein größeres Gewicht zur Hochstrecke zu bringen.
Führt man über mehrere Wochen bzw. Monate ein gezieltes Ausdauertraining mit Laufen durch, so kann man danach entweder eine längere Strecke am Stück laufen oder eine bestimmte Strecke schneller als zuvor.

Diese Leistungssteigerung durch sportliches Training nennt man

➡ ______________________________ ⬅

Gesetzmäßigkeiten des Trainings
=
allgemeine Handlungsorientierung
für den geplanten, systematischen und zielgerichteten Aufbau des Trainings

6.1 Reizschwellengesetz – Der wirksame Belastungsreiz

Das **Reizschwellengesetz** besagt, dass ein trainingswirksamer Reiz eine bestimmte Schwelle überschreiten muss, wenn er zu Anpassungserscheinungen führen soll. Die Stärke der Belastung orientiert sich dabei an der Reizstufenregel nach Roux, die in folgender Tabelle dargestellt ist:

Belastungsintensität	Biologische Anpassung
Unterschwellige Reize (d.h. unter der wirksamen Reizschwelle)	______________________
Überschwellige, leichte Reize	______________________
Überschwellige, mittlere und starke Reize	______________________ ______________________
Überschwellige, zu starke Reize	______________________ ______________________

____

Ein Ausdauertraining muss ______________ auf das Niveau des jeweiligen Sportlers ausgerichtet sein. Wenn ein Freizeitsportler und ein Leistungssportler zusammen laufen, kann dies für den Freizeitsportler zu

______________________ führen, während es beim Leistungssportler nicht einmal zum

______________ ausreicht.

Der Belastungsreiz ist für den Leistungssportler ______________________________ .

Durch Training kann ______________________ von Untrainierten und Trainierten angehoben werden.

6.2 Superkompensation und Homöostase

Erläutere das Modell der Superkompensation anhand des Beispiels „Ausdauertraining“.

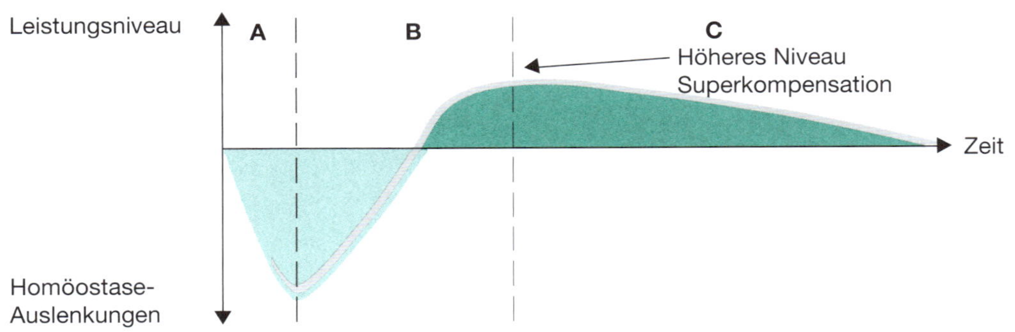

(vgl. Friedrich, W.: Fit im Schulsport, 2. Aufl. Spitta Verlag, Balingen 2017, S. 51)

Schematischer Verlauf der Superkompensation bei Ausdauer- und Krafttraining:

Phase A:

Phase B:

Phase C:

Merke:

Der Verlauf der Regenerationsphase wird von vielen Faktoren beeinflusst:

- ______
- ______
- ______
- ______
- ______
- ______
- ______

Verbesserung der sportlichen Leistungsfähigkeit durch zeitlich optimal gesetzte Reize:

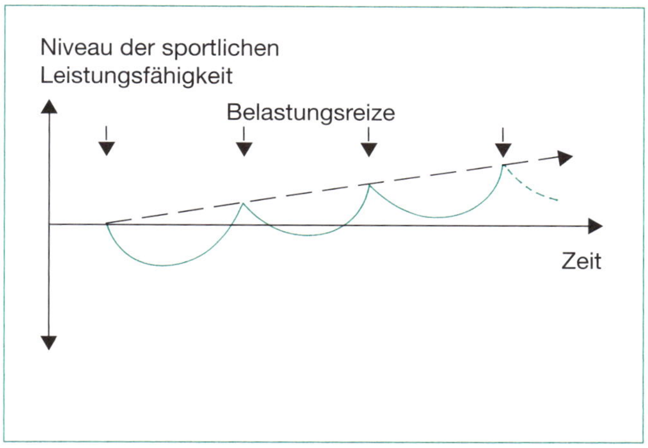

Verschlechterung der sportlichen Leistungsfähigkeit durch zu schnell aufeinanderfolgende Reize:

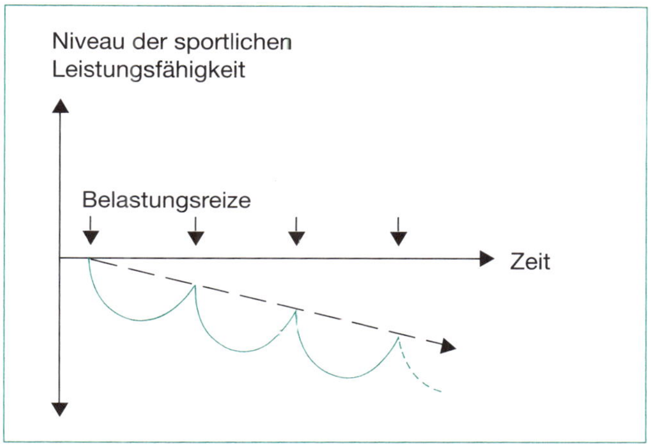

(vgl. Friedrich, W.: Fit im Schulsport, 2. Aufl. Spitta Verlag, Balingen 2017, S. 52)

6.3 Altersgemäßheit und Trainierbarkeit

Phasen der Trainierbarkeit der konditionellen Fähigkeiten im Kindes- und Jugendalter:

Konditionelle Fähigkeiten	**Altersphase (Jahre)**			
	Kindheit		**Jugend**	
	6/7–9/10	10/12–12/13	12/13–14/15	14/15–16/18
Schnelligkeit	++++	++++		
Maximalkraft			++++	++++
Schnellkraft	+++	++++		
Aerobe Ausdauer	+++	+++	+++	++++
Anaerobe Ausdauer		++	+++	++++

Modell günstiger Phasen der Trainierbarkeit; je mehr Pluszeichen, umso besser die Trainierbarkeit (mod. nach Conzelmann 2000, Martin 1999, Steinhöfer 2003).

Lies dir im Lehrbuch das Kapitel 6.3 (S. 53) durch und erläutere die obige tabellarische Abbildung.

- ____________________
- ____________________
- ____________________

6.4 Trainingshäufigkeit

Zunahme des maximalen Sauerstoffaufnahmevermögens bei gleicher Trainingsquantität und Leistung, aber unterschiedlicher Trainingshäufigkeit:

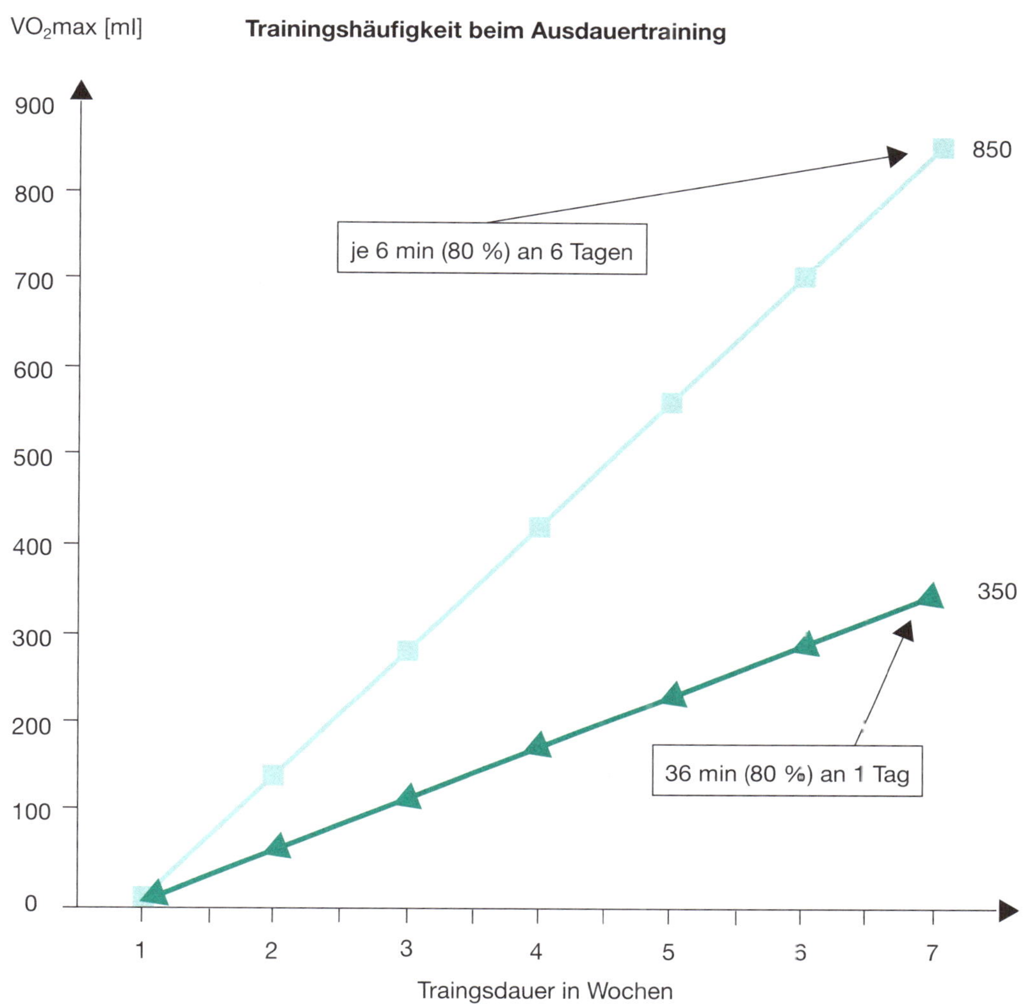

Für das Ausdauertraining gilt:

____

Trainingstipp:

____

Überprüfe dein Wissen

?

Aufgabe 1:

Zum Bäcker gehen, mit dem Rad zur Bank fahren, Baden gehen im See – Stellen diese Tätigkeiten wirksame Trainingsreize dar?

a) **G:** Begründe deine Antwort.

b) **M:** Begründe deine Antwort unter Berücksichtigung der Reizstufenregel nach Roux.

c) **E:** Begründe deine Antwort unter Einbeziehung des folgenden Schemas.

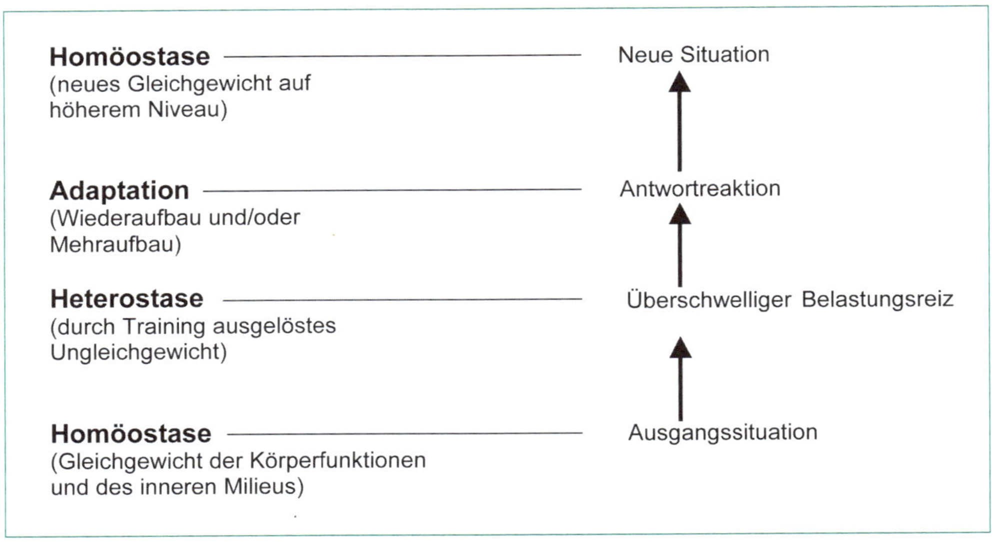

(vgl. Friedrich, W.: Optimales Sportwissen, 3. Aufl. Spitta Verlag, Balingen 2016, S. 36)

Aufgabe 2:

a) **G:** Wie sieht der schematische Verlauf der Superkompensation beim Ausdauer- und Krafttraining aus?

b) **M:** Erläutere die drei Phasen der Superkompensation und gehe ausführlich darauf ein, in welcher Weise die 2. Phase aktiv unterstützt werden kann.

c) **E:** Beschreibe die folgende Abbildung anhand eines Beispiels aus der Praxis.

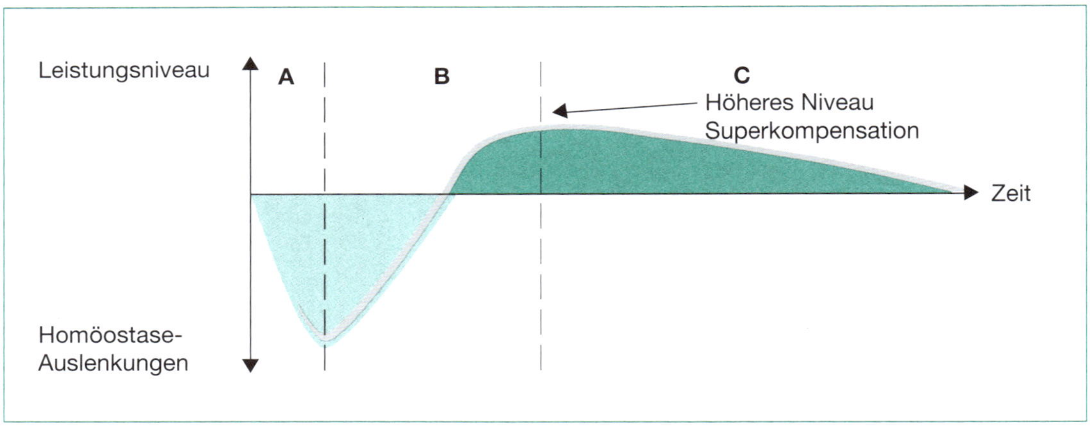

(vgl. Friedrich, W.: Fit im Schulsport, 2. Aufl. Spitta Verlag, Balingen 2017, S. 51)

Überprüfe dein Wissen ?

Aufgabe 3: **G,M,E**

Ist am Tag vor einem 10 km Lauf ein langes und intensives Dauerlauftraining sinnvoll, um den Körper auf den anstehenden Lauf vorzubereiten. Besprecht euch dazu in Partnerarbeit und begründet eure Antwort.

Aufgabe 4:

a) **G:** Worin liegen die Gemeinsamkeiten / Unterschiede hinsichtlich der Trainierbarkeit von Kindern im Vergleich zu Jugendlichen und von jungen Erwachsenen im Vergleich zu Älteren?

b) **M:** „Im Seniorenalter nimmt die Leistungsfähigkeit trotz Training rapide ab." Nimm Stellung zu dieser Aussage und begründe deine Antwort.

c) **E:** *„Das Wichtigste beim Synchronschwimmen ist die Wasserlage. Der Kopf, der Bauch und die Füße müssen über Wasser sein. Vielen fällt es jedoch schwer, den ganzen Körper an der Wasseroberfläche zu halten. Männern etwa, sie können nicht an Wettkämpfen teilnehmen: Sie haben einen anderen Schwerpunkt als Frauen und können dadurch ihre Beine nicht über dem Wasser halten. Es gibt in Deutschland nur einen männlichen Synchronschwimmer, der auch Wettkämpfe schwimmt. International dürfen die Männer gar nicht mitmachen."* (Elisabeth Schönfeldt, deutsche Vize-Juniorenmeisterin im Duett beim Synchronschwimmen)

Beleuchte anhand dieses Zitates die Trainierbarkeit von Männern und Frauen im Bereich der motorischen Hauptbeanspruchungsformen näher.

Aufgabe 5:

a) **G:** Wie kann die Regeneration der Spieler nach einem Fußballbundesligaspiel konkret aussehen?

b) **M:** Warum können Leistungssportler und ein Laufanfänger nicht von einem gemeinsamen Training profitieren?

c) **E:** Beschreibe ein sinnvolles Ausdauertraining unter besonderer Berücksichtigung des Gesetzes der Trainingshäufigkeit.

Überprüfe dein Wissen – Bearbeitung !

Exkurs

1. Trainingsprinzipien zur ______________________________:
   - Prinzip der ______________________________
   - Prinzip der ______________________________
2. Trainingsprinzipien zur ______________________________:
   - Prinzip der ______________________________
   - Prinzip der ______________________________
3. Trainingsprinzipien zur ______________________________:
   - Prinzip der ______________________________

Prinzip der progressiven Belastungssteigerung

Gleiche Belastungsreize verlieren im Laufe der Zeit im Hinblick auf die Leistungsverbesserung ihre Wirkung.

- Um eine Leistungssteigerung zu bewirken, muss die Belastung progressiv (=______________) sein und im richtigen Verhältnis zur jeweils erreichten Leistungsfähigkeit stehen.
- Um die Belastungsanforderungen zu erhöhen, gibt es verschiedene Möglichkeiten:
  1. Steigerung von
     - Belastungsumfang = ______________________________
     - Belastungsintensität = ______________________________
     - Belastungsdauer = ______________________________
     - Belastungsdichte = ______________________________
  2. Steigerung der Anforderungen an die Bewegungskoordination: ______________
  3. Steigerung der Anzahl bzw. Anforderungsniveaus der Wettkämpfe: ______________

Praxisbeispiel:

!

Prinzip der Variation der Trainingsbelastung

Die Variation der Trainingsbelastung wirkt der Monotonie entgegen und vermindert dadurch eine Leistungsstagnation. Dieses Prinzip findet hauptsächlich im Leistungs- und Hochleistungssport Anwendung.

➡ Bei diesem Prinzip geht es um den gezielten Wechsel von

- Trainingszielen: ______________________
- Trainingsinhalten: ______________________
- Trainingsmethoden: ______________________
- Trainingsmitteln: ______________________

Praxisbeispiel: !

Prinzip der Wiederholung und Kontinuität

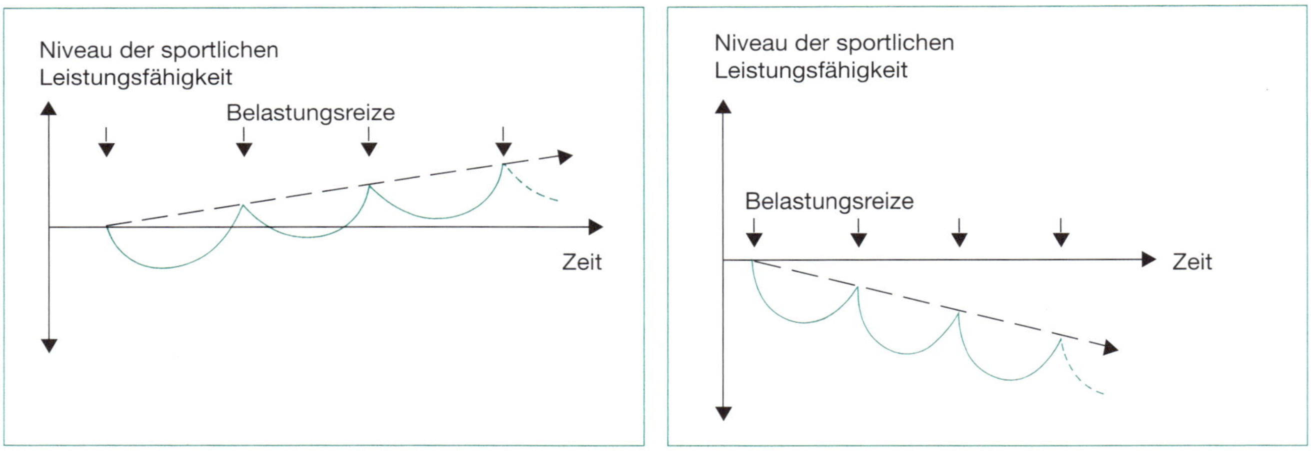

(vgl. Friedrich, W.: Fit im Schulsport, 2. Aufl. Spitta Verlag, Balingen 2017, S. 52)

____

Der Sportler darf keine inhaltlich oder zeitlich beliebigen Reize setzen. Es ist auf ______________________

und ______________________ zu achten.

Praxisbeispiel:

!

Prinzip der Periodisierung und Zyklisierung

Da sich die sportliche Form – über ein ganzes Jahr betrachtet – nicht auf höchstem Niveau befinden kann, muss das Wettkampfjahr in Perioden oder Zyklen gestaltet werden.

Grundphasen der Entwicklung der sportlichen Form		
Erwerb	Erhalt	Zeitweiliger Verlust
↓	**TRAININGSAUFGABEN** ↓	↓
Verbesserung der Voraussetzungen und Herausbildung der sportlichen Form	Relative Stabilisierung der sportlichen Form	Wiederherstellung der adaptiven Voraussetzungen
Vorbereitungsperiode	**Wettkampfperiode**	**Übergangsperiode**
↑	↑ **Periodenzyklus**	↑

(mod. nach Schnabel, G., Harre, D., Borde, A.: Trainingswissenschaft. Sportverlag, Berlin 2002, S. 427)

1. Vorbereitungsperiode

➡ Ziel:

____

____

____

2. Wettkampfperiode
   ➡ Ziel:

   ____

   ____

   ____

3. Übergangsperiode
   ➡ Ziel:

   ____

   ____

   ____

Praxisbeispiel: !

Prinzip der zunehmenden Spezialisierung

Wenn in Sportarten bzw. Disziplinen eine hohe Leistungsfähigkeit angestrebt wird, so muss ein rechtzeitiges und zunehmend sportartspezifisches Training durchgeführt werden.

Trainingseinheit

______________________ ______________________

Ausgehend und aufbauend auf einer recht allgemeinen Basis findet im Verlauf der Entwicklung

eine ______________________________ statt.

Praxisbeispiel:

!

Überprüfe dein Wissen

?

Aufgabe 1: **G,M,E**

Wozu dienen Trainingsprinzipien im Sport?

Aufgabe 2:

a) **G:** Durch welche Faktoren lässt sich die Belastungsanforderung erhöhen?
b) **M:** Was versteht man unter dem Prinzip der zunehmenden Spezialisierung?
c) **E:** Der Ski-Bundestrainer ließ die Damennationalmannschaft des Deutschen Skiverbandes im Sommer zur Saisonvorbereitung Motocross fahren, MTB-Downhill fahren, am Ballettunterricht teilnehmen sowie Freiklettern üben. Welches Trainingsprinzip wendet der Coach an? Erkläre das Prinzip.

Aufgabe 3: **G,M,E** – Vierergruppen

Recherchiert das Wettkampfjahr mehrerer euch bekannten Sportarten. Gibt es Gemeinsamkeiten bzw. Unterschiede?

Überprüfe dein Wissen – Bearbeitung

7 Aufbau einer Trainingseinheit

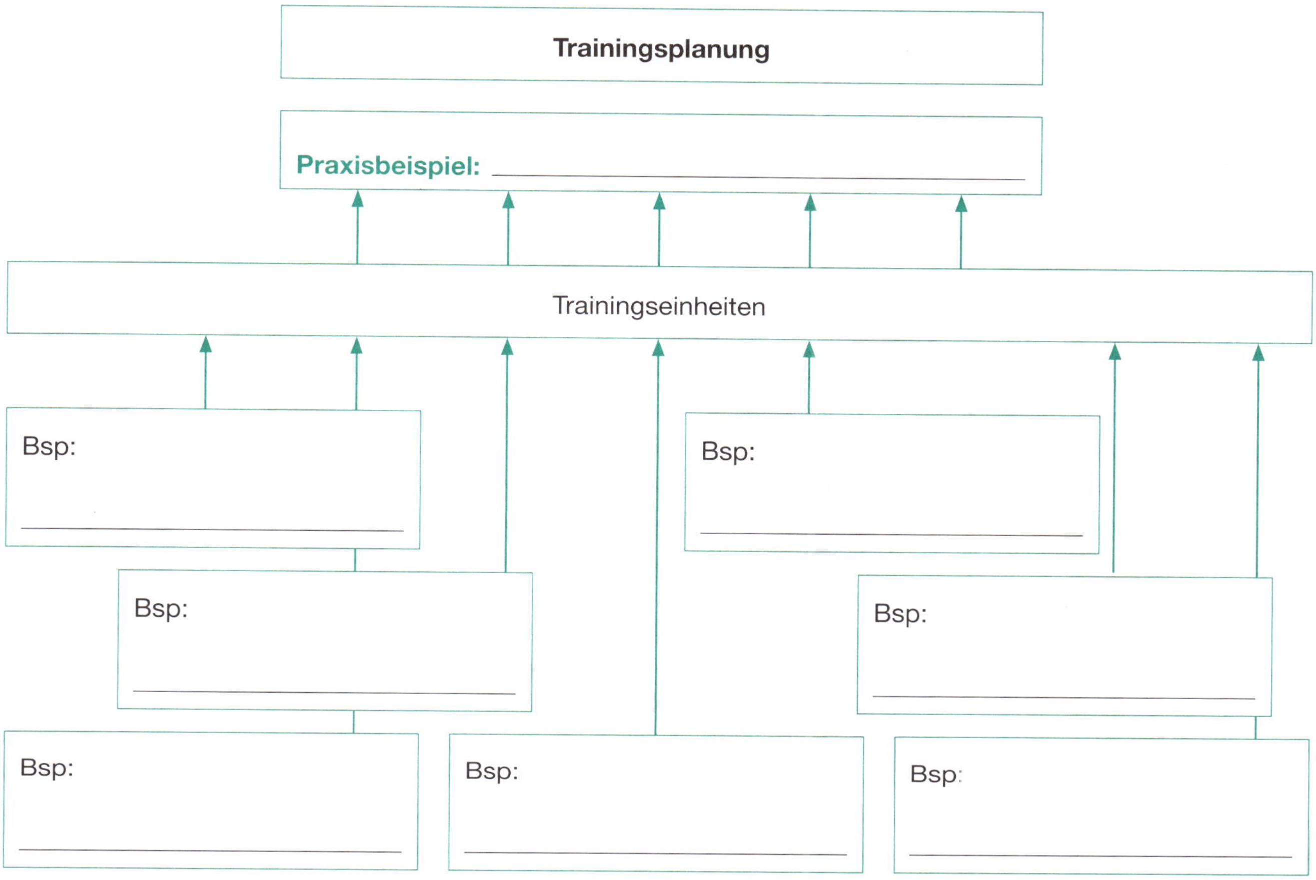

7.1 Struktur einer Trainingseinheit

Grundsatz:

Wenn die ____________ effektiv ausgerichtet sein soll, muss sie mit ____________________ als ein ____________ aufgebaut sein.

- Trainingseinheit ≠ „Absolvieren“ der vorgegebenen Aufgaben
- Trainingseinheit = ________________________________

Die Qualität jeder einzelnen Trainingseinheit hat Auswirkungen auf

________________________________.

Dreiteilung einer Trainingseinheit

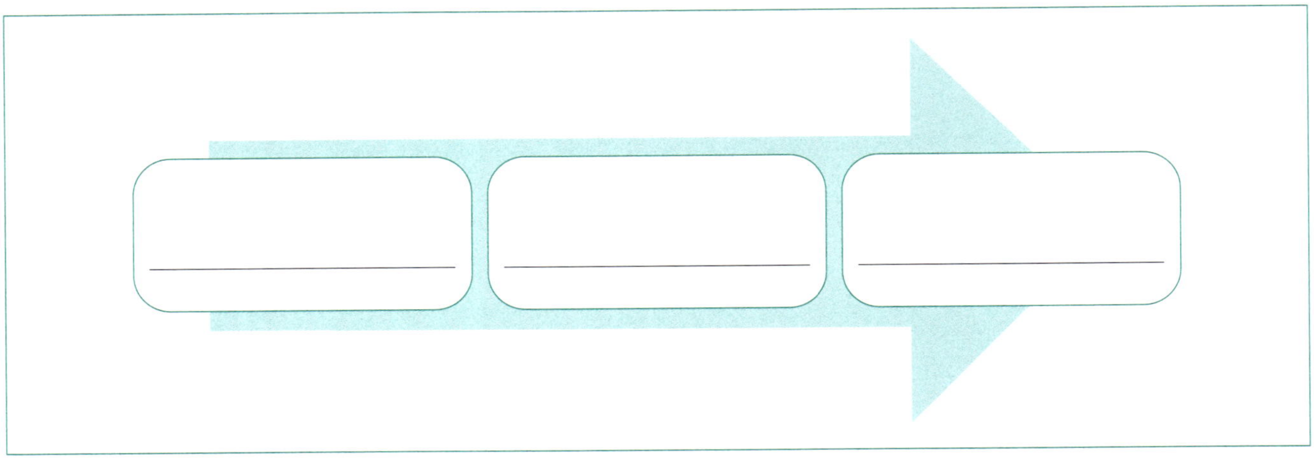

In der Regel dauert eine Trainingseinheit: ________ min. Dies ist jedoch von Sportart zu Sportart unterschiedlich.

So kann es zum Beispiel beim Straßenradsport zu extrem langen Einheiten über ________________ kommen.

Eine Trainingseinheit sollte ______________________ ____ von

Spiel- und Übungsformen sein, sondern ein _______________________ und _____________________________

Ablauf von einzelnen Teilen, welche untereinander ___________________ und um einen ______________________ angeordnet sind.

Einleitung der Trainingseinheit

1. ______________ Vorbereitung

Merke:

2. ______________ Vorbereitung

Merke:

Hauptteil der Trainingseinheit

Mögliche Inhalte:

______________ ______________

______________ ______________

______________ ______________

______________ ______________

Merke:

Schlussteil der Trainingseinheit

Schlussteil

=

Belastungswechsel zum Hauptteil
mit drei Aufgaben:

1. ______________

2. ______________

3. ______________

Hilfen für die Organisation einer Trainingseinheit:

1. ______________ 2. ______________ 3. ______________

Überprüfe dein Wissen

?

Aufgabe 1:

a) **G:** Benenne fünf Faktoren, von denen eine effektive Trainingseinheit unter anderem abhängig ist.

b) **M:** Erkläre die Begriffe Trainingsplanung und Trainingseinheit und gehe auf die verschiedenen Faktoren ein, die bei einem effektiven Training zu berücksichtigen sind.

c) **E:** Berlin – Marathon
Wie könnte ein grober Aufbau eines solchen Trainingsvorhabens aussehen?
Von welchen Faktoren wird die Effektivität des Trainings mitbestimmt?

Aufgabe 2: **G,M,E**

Worin liegt das Ziel jeder Trainingseinheit und wie sieht der Aufbau einer Trainingseinheit aus?

Aufgabe 3:

a) **G:** Die Einleitung einer Trainingseinheit gliedert sich in 2 Teile. Benenne und erkläre.

b) **M:** Wähle eine beliebige Sportart / Disziplin aus und beschreibe dazu, wie die Einleitung einer Trainingseinheit aussehen könnte.

c) **E:** Erläutere ausführlich, warum der Einleitung innerhalb einer Trainingseinheit eine besondere Bedeutung zukommt und wie diese Phase an einem konkreten Beispiel aussehen könnte.

Aufgabe 4:

a) **G:** Benenne mögliche Inhalte einer Trainingseinheit.

b) **M:** Damit die Inhalte einer Trainingseinheit maximal effektiv sind, müssen bestimmte Faktoren berücksichtigt werden. Benenne und beschreibe sie.

c) **E:** Was steckt hinter dem Begriff „HIT-Training“?
Wo wird diese Trainingsform im Verlauf des Hauptteils angesiedelt?
Begründe ausführlich.

Aufgabe 5:

a) **G:** Welchen drei Aufgaben sollte ein Schlussteil innerhalb einer Trainingseinheit gerecht werden?

b) **M:** Was verbirgt sich hinter dem Begriff „Regeneration“?
Begründe, warum diesem Prozess eine bedeutende Rolle im Schlussteil jeder Trainingseinheit zukommt.

c) **E:** Wie kann der Schlussteil nach einer Wettkampftrainingseinheit im Handball konkret aussehen?
Warum kommt hierbei der Regeneration eine besondere Rolle zu?

Aufgabe 6:

a) **G:** Was ist für die Organisation einer Trainingseinheit wichtig?
Erkläre einen deiner benannten Punkte ausführlich.

b) **M:** Welche Möglichkeiten gibt es, einen Übungsablauf sinnvoll zu organisieren?
Beschreibe die verschiedenen Formen.

c) **E:** Benenne die Verfahren des Übungsablaufs, arbeite Vor- und Nachteile jeder Form heraus und finde passende Beispiele aus der Praxis.

Überprüfe dein Wissen – Bearbeitung

!

Überprüfe dein Wissen – Bearbeitung

8 Pädagogische Anforderungen an einen Schülermentor Sport

8.1 Kompetenzen eines Mentors

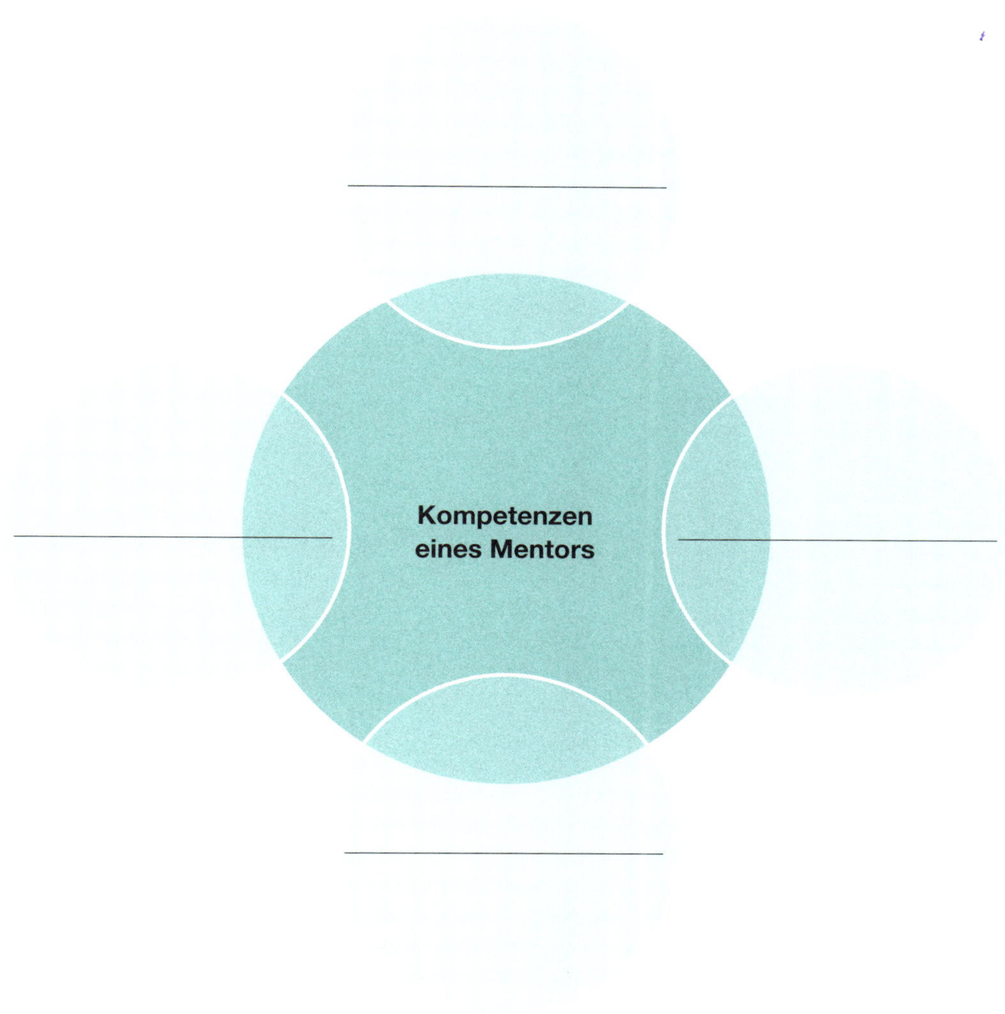

Die Kenntnisse der Kompetenzbereiche dienen dem Mentor dazu, ______________________________ und ____________________ zu handeln.

Sie helfen ihm bei der Bewältigung ________________________ und ________________________ Aufgaben.

Fachkompetenz

= __________ der Tätigkeit als Mentor

➡ ______________________________

Erläuterungen:

____

____

____

____

➡ ______________________________

Erläuterungen:

____

____

____

____

Sozialkompetenz

= angemessener ______________
mit den Schülern

➡ ______________________________

➡ ______________________________

Erläuterungen:

____

____

➡ ______________________________

Erläuterungen:

____

____

➡ ______________________________

Erläuterungen:

____

____

➡ ______________________________

Methoden- und Organisationskompetenz

= ______________________________

Wettkampf/AG/Schulsport

➡ Organisationsformen der jeweiligen Sportart kreativ umsetzen

Partnerarbeit

Wählt eine Sportart/Disziplin und recherchiert verschiedene Organisationsformen des Trainings.

Personale Kompetenz

= wichtige ______________________

______________ des Mentors

➡ ______________________________

Erläuterungen:

____

____

____

➡ ______________________________

Erläuterungen:

____

____

____

➡ ______________________________

Erläuterungen:

____

____

____

Jeder Mentor bringt unterschiedliche ______________________ in den verschiedenen Bereichen mit.
Im Verlauf seiner wertvollen Arbeit befindet er sich dauerhaft auf dem Weg der Weiterentwicklung

und Weiterbildung in den vier ______________________ .

8.2 Schülermentor Sport in der Schule

Mentor:

- besondere pädagogische ______________________________
- beeinflusst ______________________________ der Sport treibenden Kinder

Humanistischer Mentorentyp = Schüler als ______________________________

Erklärung: ______________________________

____

____

Kooperativer Führungsstil:

- ______________________________
- ______________________________
- ______________________________
- ______________________________

Empathievermögen = ______________________________

Von Vorteil ist bei dieser auch als ______________ bezeichneten Methode, dass der Schüler Gelegenheit zur ______________________________ bekommt, seine ______________ und ______________ formulieren und ______________ kann. ______________, ______________, steht dabei im Vordergrund.

8.3 Wie funktioniert Konfliktlösung?

Partnerarbeit: Was ist ein Konflikt? Recherchiert.

____

____

____

Konfliktlösung
=
____

↑

Stufe 6: ____

Die ______________ wird nach einiger Zeit gemeinsam ______________ und gegebenenfalls nach einem neuen ______________ gesucht.

↑

Stufe 5: ____

Alle müssen __________________________ für die Lösung übernehmen. Hilfreich ist ein __________, indem festgehalten wird, was von wem und wie und wann getan wird.

↑

Stufe 4: ____

Es sollte unter den Mitgliedern ein gemeinsamer ____________________ gefunden werden.

↑

Stufe 3: ____

Jeder einzelne Vorschlag wird auf seine _________________ hin untersucht und ________________.

↑

Stufe 2: ____

Alle _______________ sollten zunächst ____________, aber noch nicht _______________ werden.

↑

Stufe 1: ____

Diese Phase ist sehr _____________. Unter Berücksichtigung aller Beteiligten wird die ______________ möglichst genau _______________.

Ziel des Kinder- und Jugendsports
=

____

____

____

____

➡ unterstützende Erziehungsmittel und -maßnahmen:

- ______________________________
- ______________________________
- ______________________________
- ______________________________
- ______________________________
- ______________________________

8.4 Problematisches Verhalten als Schülermentor Sport

Problematisches Verhalten der Kinder:	↔	Problematisches Verhalten des Mentors:
______________		______________
______________		______________
______________		______________
______________		______________
______________		______________

Um ein positives Miteinander zu gewährleisten, müssen von beiden Seiten ______________________ eingehalten werden.

8.5 Was sollte man im Umgang mit Jugendlichen beachten?

Setze die folgenden Begriffe in Beziehung zueinander und beschreibe damit, was deiner Meinung nach im Umgang mit Kindern/Jugendlichen zu beachten ist. Gerne darfst du in die leeren Felder noch Begriffe, die dir wichtig erscheinen, ergänzen.

	Verständnis	Disziplin
Respekt	Regeln	
Wertschätzung		Selbstdisziplin

Überprüfe dein Wissen ?

Aufgabe 1:

a) **G:** Welche Kompetenzen sind für die Mentorentätigkeit wichtig?
Benenne sie und beschreibe zwei Bereiche konkreter.

b) **M,E:** Partnerarbeit:
„Du bist Schülermentor Sport und leitest gemeinsam mit einem weiteren Mentor die Fußball-AG der Grundschüler an eurer Schule."
Welche Kompetenzen sind für die Ausübung einer solchen Tätigkeit wichtig? Erläutert die verschiedenen Kompetenzbereiche anhand eurer konkreten Mentorentätigkeit.

c) **E:** Wie äußert sich ein autoritäres Verhalten eines Mentors?
Diskutiere dieses Führungs- und Steuerungsverhalten kritisch mit einem Lernpartner.

Aufgabe 2:

a) **G:** Was wird unter einem *humanistischen Mentorentyp* verstanden?

b) **M:** Erkläre den *humanistischen Mentorentyp* und erläutere, warum dieser Mentorentyp in der Praxis bevorzugt Anwendung findet.

c) **E:** Erörtere den *autoritären* im Vergleich zum *humanistischen* Mentorentyp und begründe, welchen Mentorentyp du bevorzugen würdest.

Aufgabe 3:

a) **G:** Benenne die 6 Stufen der Konfliktlösung nach Francescon.

b) **M:** Beschreibe das 6-stufige Modell zur konstruktiven und kommunikativen Konfliktlösung nach Francescon ausführlich.

c) **E:** Partnerarbeit:
Denkt euch einen realistischen Konflikt in einer Sport-AG aus.

____

Beschreibt die Konfliktlösung mithilfe des 6-stufigen Modells (Francescon).

Aufgabe 4:

a) **G:** Worin liegt das Ziel im Kinder- und Jugendsport?

b) **M:** Worin liegt das Ziel im Kinder- und Jugendsport und welche Erziehungsmittel und -maßnahmen unterstützen das Erreichen dieses Ziels?

c) **E:** *Der Mentor als „gutes Vorbild".*
Nimm Stellung dazu und gehe dabei außerdem auf das Ziel des Kinder- und Jugendsports ein.

Überprüfe dein Wissen

Aufgabe 5: **G,M,E** – Dreiergruppen

Innerhalb eurer Gruppe teilt ihr jedem einen Mentorentyp zu. Füllt dazu das jeweilige Feld in Einzelarbeit aus.

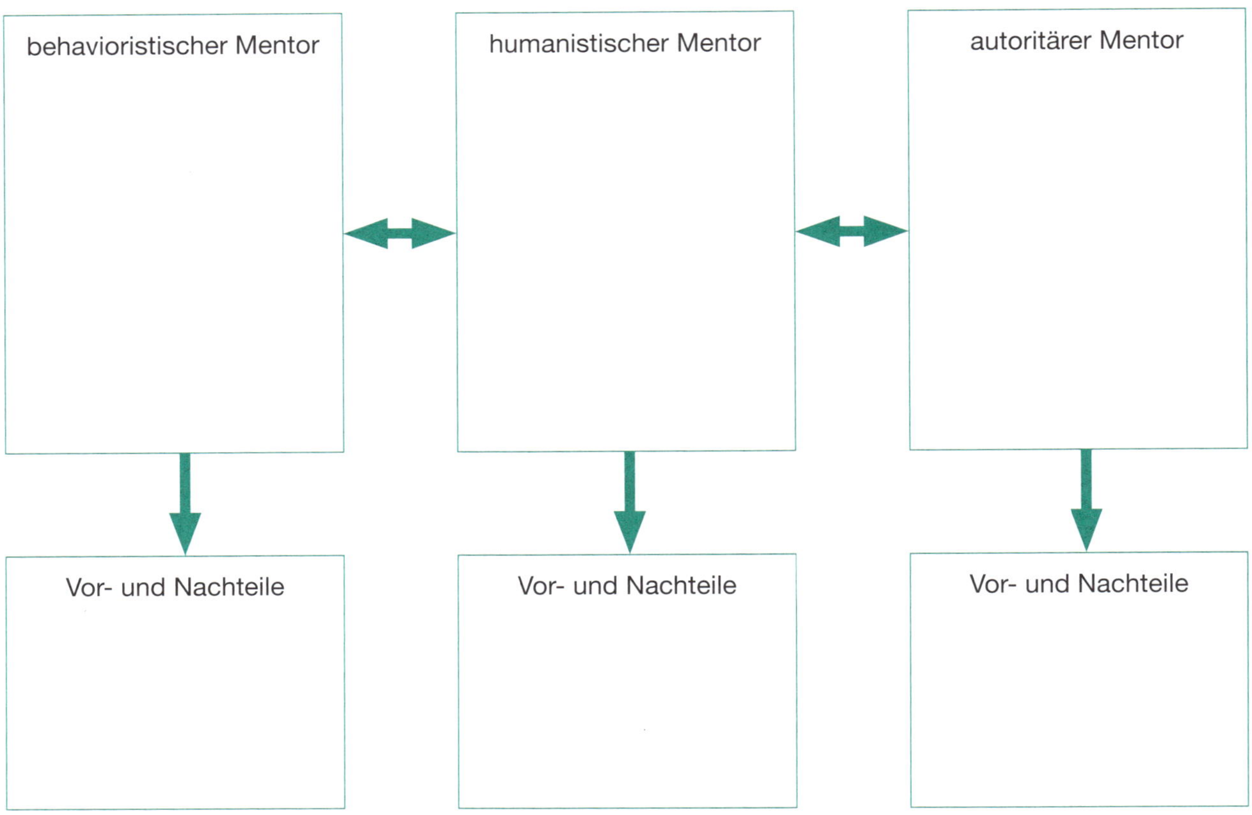

Besprecht die verschiedenen Mentorentypen mit seinen jeweiligen Vor- und Nachteilen innerhalb eurer Gruppe und ergänzt die Tabellen.

Aufgabe 6:

a) **G:** In der Zusammenarbeit mit den Spielern legte Fußballtrainer Alex Ferguson großen Wert auf Disziplin. Was versteht man darunter?

b) **M:** Warum legte Louis van Gaal, ehemaliger Trainer des FC Bayern München, hinsichtlich einer gelungenen und erfolgreichen Zusammenarbeit, großen Wert auf Regeln? Recherchiere und begründe.

c) **E:** Recherchiere Eigenschaften, Werte, Verhaltensweisen und Schwerpunkte, die Alex Ferguson in seiner Arbeit als Fußballtrainer im Umgang mit den Spielern pflegte. Was machte die Zusammenarbeit so erfolgreich?

Überprüfe dein Wissen – Bearbeitung

Überprüfe dein Wissen – Bearbeitung

9 Sportbiologie

9.1 Aktiver Bewegungsapparat: Muskulatur, Energiebereitstellung und Herz-Kreislauf-System

9.1.1 Die Muskulatur

Arten des Muskelgewebes:

- ______________________
- ______________________
- ______________________

Skelettmuskel

70–80% ______________	15–20%	3–4% ______________

➡ Relationen verändern sich während ______________________

➡ von der ______________________ abhängig

➡ von der ______________________ abhängig

➡ wird vom ______________________ beeinflusst

Merke:

Beim hoch ______________ Sportler spielen sich unter ______________

ca. ______% des gesamten ______________ in der Muskulatur ab.

Ergänze die Abbildung durch folgende Begriffe:	• Primärbündel • Sekundärbündel • Muskelfaser (2x)	• Sarkomer • Muskelfaszie • Sehne	• Knochen • Myofibrille (2x)

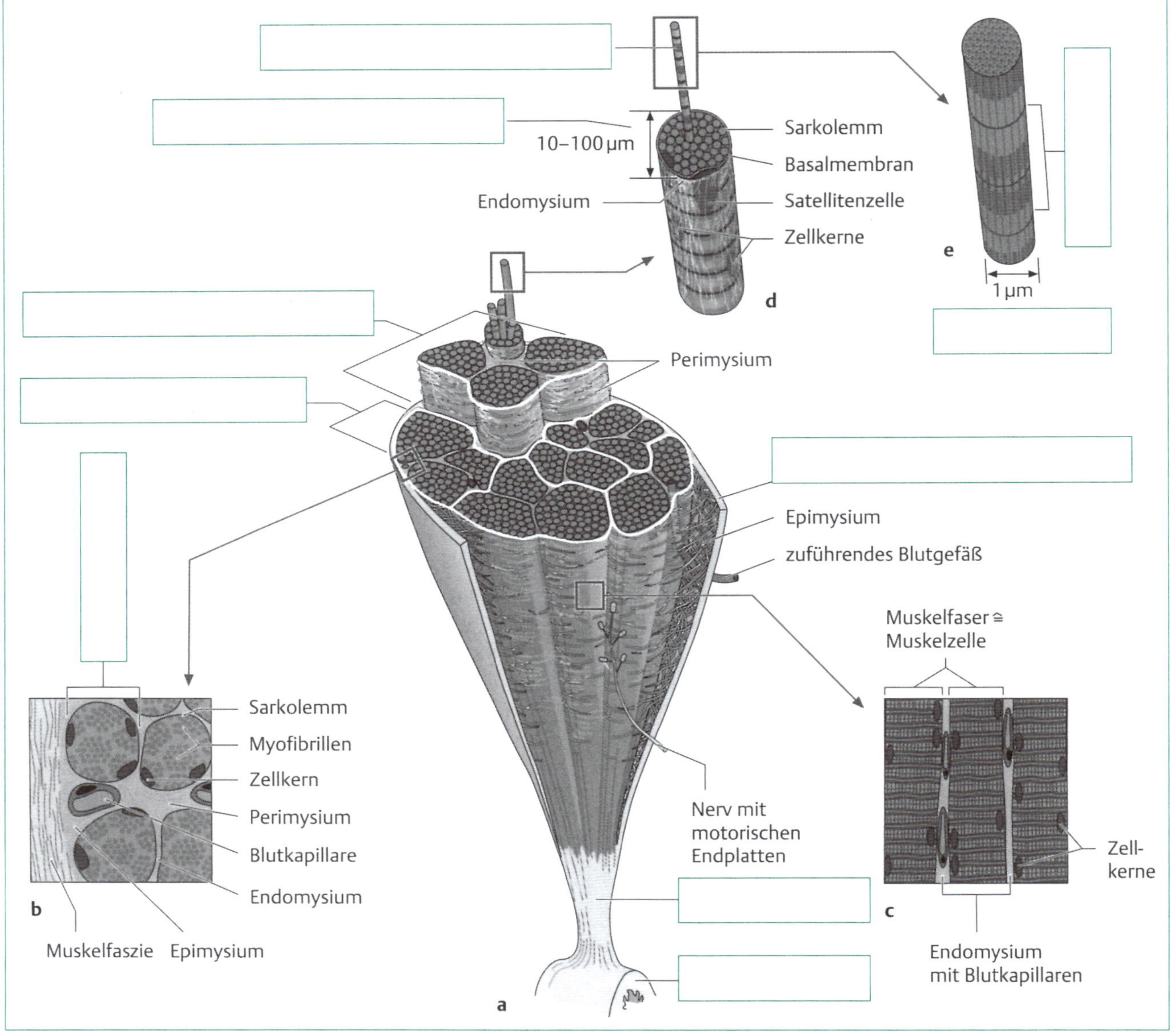

(vgl. Freiwald, J., Greiwing, G.: Optimales Krafttraining. Spitta Verlag, Balingen 2016, S. 43)

Muskelkontraktion ➡ Theorie

Erläuterungen:

9.1.1.1 Die motorische Einheit

__________ Zusammen-spiel __________

- __________
- __________
- __________

Merke:

Die zusammengehörigen Muskel- und Nervenzellen bezeichnet man als

__________.

Aufbau:

- __________
- __________
- __________

Die Anzahl der Muskelfasern innerhalb einer motorischen Einheit ist abhängig von der

__________ der jeweiligen Muskulatur.

Beispiele:

➡ __________

➡ __________

9.1.1.2 Einflussgrößen auf den Krafteinsatz

- ______________________________

- ______________________________

- ______________________________

Sportliches Training ➡ Anpassungen der ______________________________

- ______________________________
- ______________________________
- ______________________________

9.1.1.3 Muskelkater

Muskelkater = ____________________ von einwöchiger Dauer = ____________________ = ____________________ ____________________

Hierbei kommt es zu ____________________ der ____________________, die wie Zerreißungen aussehen.
Ursachen:

- ____________________
- ____________________
  ____
- ____________________
  ____

Vorbeugung von Muskelkater

____________________ → ____________________ ____________________ mit ____________________ ____________________

Behandlung von Muskelkater

≠ ____________________

≠ ____________________

➡ ____________________

➡ ____________________

➡ ____________________

9.1.2 Die Energiebereitstellung

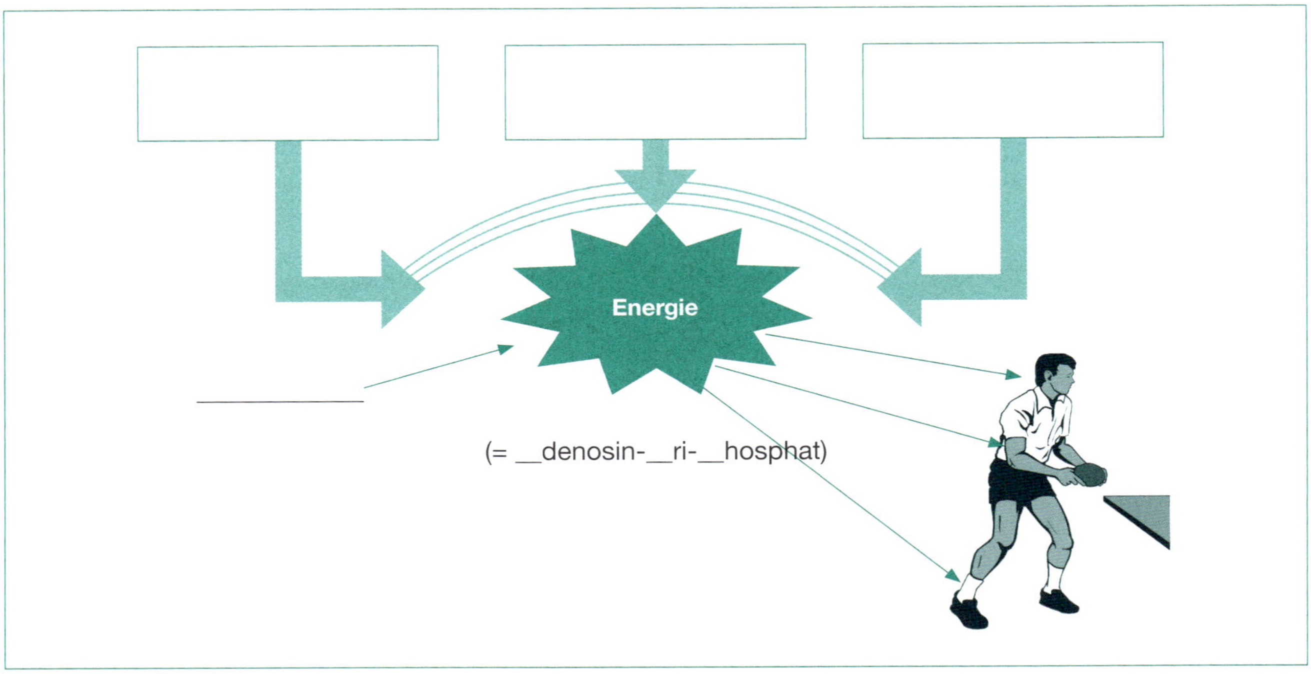

Um den Muskel im Sport bewegen zu können, muss er u.a. auch	Weiterhin wird die Art des Stoffwechsels beeinflusst von

Bei einem Ausdauerlauf dominiert der ______________________________ Stoffwechsel.

Bei statischer Muskelarbeit dominiert der ______________________________ Stoffwechsel.

Als **aeroben Stoffwechsel** bezeichnet man die energieliefernden Stoffwechselprozesse,

welche in den ______________________________
stattfinden.

Als **anaeroben Stoffwechsel** bezeichnet man die energieliefernden Stoffwechselprozesse,

welche ______________________________
stattfinden.

Der Speicher von ATP und KP reicht für ____________________ maximale Muskelkontraktionen von ca.

____ Dauer.

Die Kennzeichen der **anaerob-laktaziden Energiebereitstellung** sind die ____________________________

___________________________ und die durch den dabei freiwerdenden ___________________________

____

Am schnellsten baut sich Laktat ab, wenn ____

____

Also sollte man nach sehr hartem Training ____

____

Laktat kann an folgenden Orten verbraucht werden

1. ____

2. ____

3. ____

Ein wichtiges Enzym zur Umwandlung von Laktat in Pyruvat ist die ________________________________

____.

Typ-1-Muskelfasern	Typ-2-Muskelfasern
________________________	________________________
________________________	________________________
________________________	________________________
________________________	________________________

Ihren Höhepunkt erreicht die **anaerob-laktazide Energiebereitstellung** nach ________________ Sekunden.

Bei längeren Belastungen produziert der Organismus aus ____

und ____ in den ____________________________________

unter Zuhilfenahme von ____ Energie.

Was charakterisiert die beiden Energiebereitstellungsarten?

Aerobe Energiebereitstellung	Anaerobe Energiebereitstellung

Versuche im Hinblick auf die Energiebereitstellung mit eigenen Worten den Mensch mit einem Auto zu vergleichen:

!

Überprüfe dein Wissen

?

Aufgabe 1:

a) **G:** Was benötigt sportbiologisch ein Mensch zum Sporttreiben?
b) **M:** Was benötigt sportbiologisch ein Mensch zum Sporttreiben?
Nenne 2 Praxisbeispiele zur Funktionsweise der Muskulatur.
c) **E:** Erläutere Praxisbeispiele zur Funktionsweise der Muskulatur.

Aufgabe 2: **G,M,E**

Beschreibe den Aufbau eines Muskels mithilfe der folgenden Begriffe:

Muskelfaser | Myofibrillen | Muskelfaserbündel | Aktin- und Myosinfilamente | Muskelfilamente

Aufgabe 3:

a) **G:** Welche Maße (Länge/Breite) können Muskelfasern aufweisen?
b) **M:** Was sind Muskelfilamente?
c) **E:** Erläutere auf der Basis einer anerkannten Theorie die Muskelkontraktion.

Aufgabe 4:

a) **G,M,E:** Beschrifte den Aufbau einer motorischen Einheit.

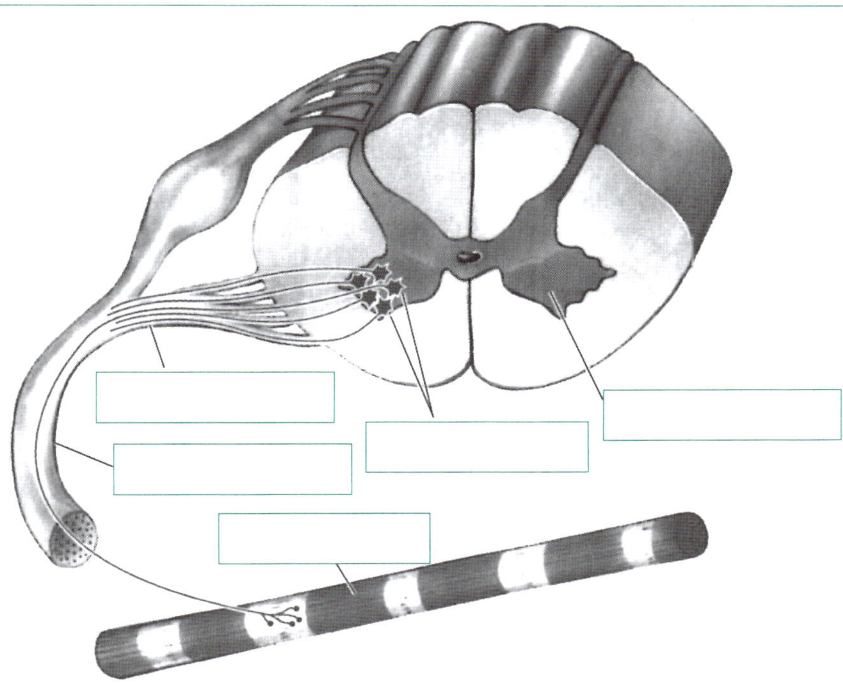

(vgl. Freiwald, J., Greiwing, G.: Optimales Krafttraining. Spitta Verlag, Balingen 2016, S. 50)

Überprüfe dein Wissen

?

b) **M:** Die Anzahl der zusammengefassten Muskelfasern innerhalb einer motorischen Einheit variiert stark.
Wovon ist sie abhängig? Benenne zwei unterschiedliche Beispiele.

c) **E:** Kugelstoßen
Welche Prozesse laufen im Körper ab, bis es schlussendlich zur Bewegungsausführung beim Kugelstoßen kommt?

Aufgabe 5:

a) **G:** Nenne die drei Einflussgrößen auf den Krafteinsatz.

b) **M:** Benenne die drei Einflussgrößen auf den Krafteinsatz und erläutere die Rekrutierung konkreter.

c) **E:** Erläutere die drei Einflussgrößen auf den Krafteinsatz sehr praxisnah.

Aufgabe 6:

a) **G:** Was versteht man unter der Rekrutierung? Was versteht man unter Frequenzierung?

b) **M:** Wie arbeitet der menschliche Muskel, wenn er immer mehr Kraft aufwenden muss?
Beschreibe dies so gut wie möglich.

c) **E:** Macht bitte folgenden Selbstversuch: Auf einer Langhantel sind lediglich zwei Scheiben zu jeweils 5 kg montiert, auf einer anderen 2 Scheiben zu jeweils 2,5 kg. Schließt nun beim Versuch, die Gewichte anzuheben eure Augen, haltet den Rücken gerade und versucht zu erspüren, wie der Muskel auf das jeweilige Gewicht reagiert. Was spürt ihr bzw. nehmt ihr dabei wahr?

Aufgabe 7:

a) **G:** Welche drei Arten der Energiebereitstellung kennst Du? Für welche Sportarten liefern sie Energie?

b) **M:** Versuche bei Sportarten wie Handball, Fußball, Tennis, Volleyball, Hockey oder Tischtennis zu erklären, welche Arten der Energiebereitstellung dort jeweils auftreten und besprich dies mit deinen Lernpartnern.

c) **E:** Versucht durch praktische Eigenversuche nachzuvollziehen, welche Energiebereitstellungsformen bei welcher Sportart/Disziplin auftreten. Tauscht euch über die eigene Erfahrung aus und versucht dies zu begründen.

Aufgabe 8: **G,M,E**

Absolviert bitte 2x zwei Steigerungsläufe über 200 Meter. Nach jedem Lauf macht ihr folgende Pause: Nach den ersten beiden Läufen setzt ihr euch bitte zur Erholung jeweils 5 Minuten auf den Boden (= passive Pause).
Dann erfolgen die zwei nächsten Steigerungsläufe mit jeweils 4-5 Minuten Trabpause nach den Läufen (= aktive Erholungspause).
Tauscht euch bitte nach diesen Läufen darüber aus, wie sich die Erholungspause für euch angefühlt hat. Worin lagen die Unterschiede? Was habt ihr in den Muskeln gespürt?

Aufgabe 9: **G,M,E** – Partnerarbeit

a) Wie entsteht Muskelkater und was kann ich dagegen tun?

b) Was versteht man unter Übersäuerung der Muskulatur und wie entsteht diese?

Überprüfe dein Wissen – Bearbeitung

9.1.3 Das Herz-Kreislauf-System

- Hauptaufgabe =

______________________	+	______________________
______________________		______________________
______________________		______________________

- Blut = ______________________
- Venen und Arterien = ______________________
- Herzminutenvolumen in Ruhe = ______________________ (Ruhepuls)

➡ Beispiel: untrainierter Mensch: ________ mal pro Minute

hochausdauertrainierter Mensch: ________ mal pro Minute

- Trainings________ =

____

____

____

____

- Schlagvolumen = ______________________

➡ Beispiel: untrainierter Mensch: ________ l Blut pro Minute

hochausdauertrainierter Mensch: ________ l Blut pro Minute

-

Maximale Herzfrequenz bei Erwachsenen	Maximale Herzfrequenz bei Kinder/Jugendlichen
maxHF = ______________	maxHF = ______________

Merke:
Je größer die ______________________, die an einer sportlichen Bewegung beteiligt sind und je höher die ______________, umso höher ist die ______________________.

Herz eines Menschen …

- … schlägt im Laufe eines Lebens ca. __________________ Mal.

  Es pumpt dabei ca. __________________ Liter Blut durch den Organismus.

- … schlägt __________________ Mal am Tag.

  Es pumpt dabei ca. __________________ Liter Blut durch den Körper.

  - Bei einem nichtsportlichen Menschen können es auch gut ________________ Liter Blutvolumen sein.
  - In Ruhe werden zwischen ________ und ________ l/Stunde durch den Kreislauf befördert.

Stelle die für dich und deine Gesundheit 10 wichtigsten Anpassungserscheinungen im Herzkreislaufsystem mit Hilfe eines Rankings dar:

1. ______________________________
2. ______________________________
3. ______________________________
4. ______________________________
5. ______________________________
6. ______________________________
7. ______________________________
8. ______________________________
9. ______________________________
10. ______________________________

9.1.3.1 Das Blut

Zunahme der

____

____

Mensch treibt SPORT

Begründung:
Organe müssen mit bestimmten ________________ versorgt werden. Diese gelangen über das ____________ dorthin.

Funktionen des Blutes:

- ____________________
- ____________________
- ____________________
- ____________________

____________	____________	____________
= ____________	= ____________	= ____________
Hauptaufgabe: ____________	Hauptaufgabe: ____________	Hauptaufgabe: ____________
BLUTzellen		

9.1.3.2 Die Atmung

Herz-Kreislauf-System ← eng verbunden → ____________________

Ohne den über das Blut ____ kann auf aerobem Weg keine ____________________ gewonnen werden.

Zunahme der

____

____

Mensch treibt lange und intensiv SPORT

Je nach körperlicher Belastung können täglich zwischen ____________ und ____________ Liter Luft ventiliert werden.

9.1.3.3 Der Sauerstofftransport im Blut

Bei Belastung erhöht sich die Atemfrequenz pro Minute		
In Ruhe	**Bei starker körperlicher Belastung**	
atmet der Mensch ca. ____________ Mal/Minute	Kinder ca. ____________ Atemzüge/min	Erwachsene ca. ____________ Atemzüge/min

- Bei über 50 Atemzügen/min ist die ____________________ ökonomischer als die ____________________.
- Bei starker körperlicher Belastung kann sich der Gesamtanteil der benötigten Energie im menschlichen Organismus auf ______ % erhöhen.
- Beim Sporttreiben vertieft sich die ____ .
- Durch

Antransport		**Abtransport**
von ____________________	und	von ____________________
und ____________________		und ____________________

wird ____ von längerer Dauer überhaupt erst ermöglicht.

Exkurs

Pulsfrequenzkontrolle

Pulsfrequenz ➡ Überprüfung der individuellen Belastung des Sportlers

Wie messe ich meinen Puls?	Wann messe ich den Puls?
____________________	____________________
____________________	____________________
____________________	____________________
____________________	____________________

Welche Funktionen hat deiner Meinung nach eine Pulsfrequenzkontrolle?

- ____
- ____
- ____

____

Partnerarbeit: Ergänzt die Tabelle.

?

Herz-Kreislauf-System !

verbindet alle ______________________ zu einer ______________________.

Hauptaufgaben:

- ______________________
- ______________________
- ______________________

Herz = ______________________

Arterien = ______________________

Venen = ______________________

großer Kreislauf =	kleiner Kreislauf =
______________________	______________________
______________________	______________________
______________________	______________________
Beginn: ______________	Beginn: ______________
Ende: ______________	Ende: ______________
Funktion:	Funktion:
______________________	______________________
______________________	______________________
______________________	______________________

Überprüfe dein Wissen

Aufgabe 1:

a) **G:** Worin liegt die Hauptaufgabe des Herz-Kreislauf-Systems?

b) **M,E:** Beschreibe die folgende Abbildung und gehe auf die jeweiligen Funktionen ein.

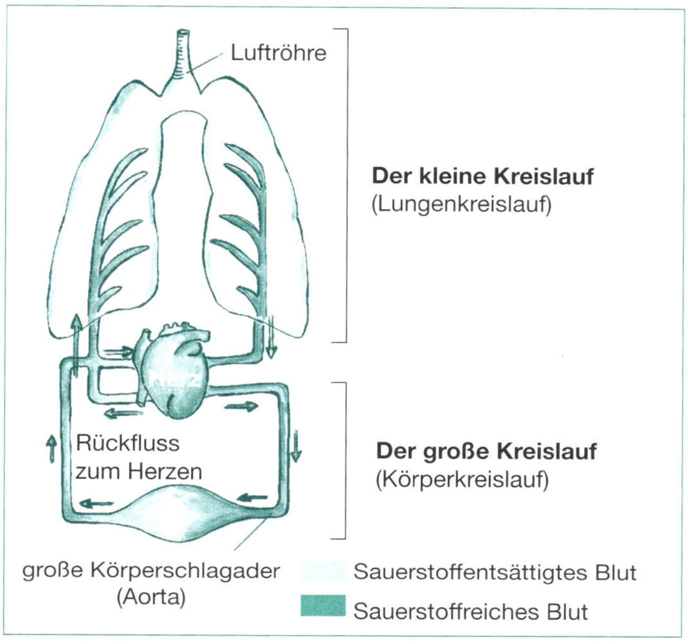

(vgl. Schubmann, R.: Herzgesund leben KOMPAKT, Spitta Verlag, Balingen 2013, S. 13)

Aufgabe 2:

a) **G:** Was wird unter „Herzminutenvolumen in Ruhe“ verstanden?

b) **M:** Definiere die Begrifflichkeit „Herzminutenvolumen in Ruhe“ und vergleiche den Wert eines normaltrainierten zu einem hochausdauertrainierten Menschen.

c) **E:** Was wird unter „Trainingsbradykardie“ verstanden?

Aufgabe 3:

a) **G:** Was wird unter „Schlagvolumen“ verstanden?

b) **M:** Erkläre und vergleiche anhand eines Beispiels das Herzminutenvolumen in Ruhe und das Herzminutenvolumen unter Belastung.

c) **E:** Wovon ist die Herzfrequenz abhängig? Wie reagiert das Herz auf Stress- oder Angstsituationen?

Aufgabe 4:

a) **G:** Wodurch kann das Herz-Kreislauf-System gestärkt werden?
Nenne positive Anpassungserscheinungen.

b) **M:** Was wird unter einer „Verbesserung der Erholungsfrequenz“ verstanden? Wodurch kommt diese Anpassung zustande?

c) **E:** Erläutere, warum regelmäßiges Ausdauertraining nicht nur positive physische Auswirkungen hat.

Überprüfe dein Wissen

Aufgabe 5:

a) **G:** Welche Funktionen hat das Blut?
b) **M:** Woraus besteht das Blut und welche Funktionen hat das Blut?
c) **E:** Beschreibe die verschiedenen Blutzellen und nenne deren jeweilige Hauptfunktionen.

Aufgabe 6:

a) **G:** Inwieweit unterscheidet sich die Atemfrequenz in Ruhe von der Atemfrequenz bei starker körperlicher Belastung?
Welche Erkenntnis lässt sich daraus ableiten?
b) **M:** Wodurch wird eine Muskeltätigkeit von längerer Dauer überhaupt erst ermöglicht?
c) **E:** Warum ist es wichtig, vor körperlicher Belastung genügend getrunken zu haben?

Aufgabe 7:

a) **G:** Vergleiche ausdauertrainierte Sportler mit untrainierten Menschen hinsichtlich der Herzfrequenz und Erholung bei bzw. nach sportlicher Belastung.
b) **M,E:** Wie passt sich das Herz-Kreislauf-System Ausdauerbelastungen an?

Aufgabe 8: **G,M,E**

a) Wozu dient die Pulsfrequenzkontrolle?
b) Macht bitte folgende Übungen und überprüft sofort danach euren Puls:
   1. Stehen / Liegen
   2. 20 Liegestütze
   3. 20 Bauchmuskelcrunches
   4. 1 x 15 m Sprint
   5. 45 Sekunden mit beiden Armen an einer Sprossenwand hängen
   6. 6 x 15 m Pendelsprint

   Wie fühlen sich die Muskeln bei der Belastung an? Welche Energiebereitstellungsform wurde benötigt? Was konntet ihr bei der Pulsreaktion feststellen?

Aufgabe 9:

a) **G:** Im Internet können Analysen von Bundesligafußballspielen gut recherchiert werden. Versuche bei den Spielern eines Bundesligaklubs herauszufinden, wie viele Kilometer der Einzelne bzw. das gesamte Team gelaufen ist. Welche konditionelle Fähigkeit benötigt man dazu?
b) **M:** Schaut bei einem Training eines lokalen Fußballvereins (Basketball, Handball, Volleyball) zu und notiert euch die einzelnen Trainingsinhalte. Welche konditionellen Fähigkeiten wurden trainiert?
c) **E:** Versucht über das Internet herauszufinden, wie viele kurze, mittellange Sprints im Spiel absolviert wurden. Was bedeutet dies für das Konditionstraining im Fußball?

Aufgabe 10: **G,M,E**

Zählt eure Atemzüge.
1. in Ruhe
2. nach der Durchführung von 4 x 20 Crunches

Überprüfe dein Wissen

?

3. Während und nach einem Jogginglauf von ca. 10 Minuten Dauer mit 6km/h und einmal mit 10 km/h. Wie lange dauert es nach den Bauchmuskelübungen bzw. den zwei Läufen, bis sich der Atem wieder beruhigt hat? Tauscht euch untereinander über diese Erfahrung aus.

Aufgabe 11: **G,M,E**

Finde gemeinsam mit einem Lernpartner weitere Beispiele für das Zusammenwirken von Agonist und Antagonist bei sportlichen Bewegungen. Versucht euch dabei jeweils die Funktion zu erklären.

Überprüfe dein Wissen – Bearbeitung

!

9.2 Passiver Bewegungsapparat: Gelenkaufbau und Gelenkarten

Im Spitzensport: passiver Bewegungsapparat (v.a. Gelenke, Knorpel, Bandapparat)

=

______________________ Größe sportlicher Höchstleistung

➡ Begründung: ______________________

____

____

➡ Anpassungserscheinungen:

- Knochen: Anpassung durch ______________________
  - ➡ erhöht die ______________________ in Richtung der Hauptbeanspruchung
- Knorpel: „saugt" sich mit ______________________ voll
  - ➡ Resistent gegen hohen ____________ und ____________.
  - ➡ durch regelmäßiges Training: ____________ des Knorpels
  - ➡ Bewältigung erhöhter mechanischer Belastung ohne ______________________.
- Sehnen:
  - ➡ Erhöhung ______________________
  - ➡ Erhöhung ______________________
- Bandapparat:
  - ➡ qualitative und quantitative Strukturverbesserung

Merke:

- Mehrbelastung (Sporttreiben) führt zu einer ______________________ von Knochen, Knorpel, Sehnen und Bänder.
- Minderbelastung führt zu einer ______________________ von Knochen, Knorpel, Sehnen und Bänder.

Gelenke und ihre Bedeutung für den Sportler

Gelenke sind in der Regel gleich aufgebaut, zeigen jedoch bestimmte gelenkspezifische Eigenheiten.

Schematischer Gelenkaufbau

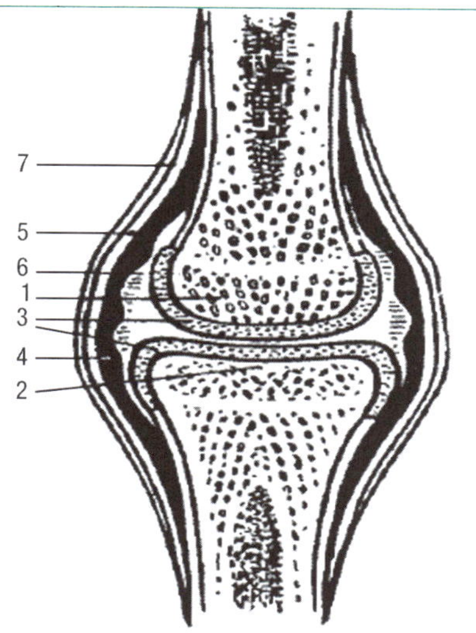

(vgl. Tittel, K.: Beschreibende und funktionelle Anatomie des Menschen, 10. Aufl. Gustav Fischer Verlag, Stuttgart 1985, S. 77)

Erläuterungen:

1. ______
2. ______
3. ______
4. ______
5. ______
6. ______
7. ______

9.2.1 Gelenkaufbau

Typische Bestandteile für den Aufbau eines Gelenks:

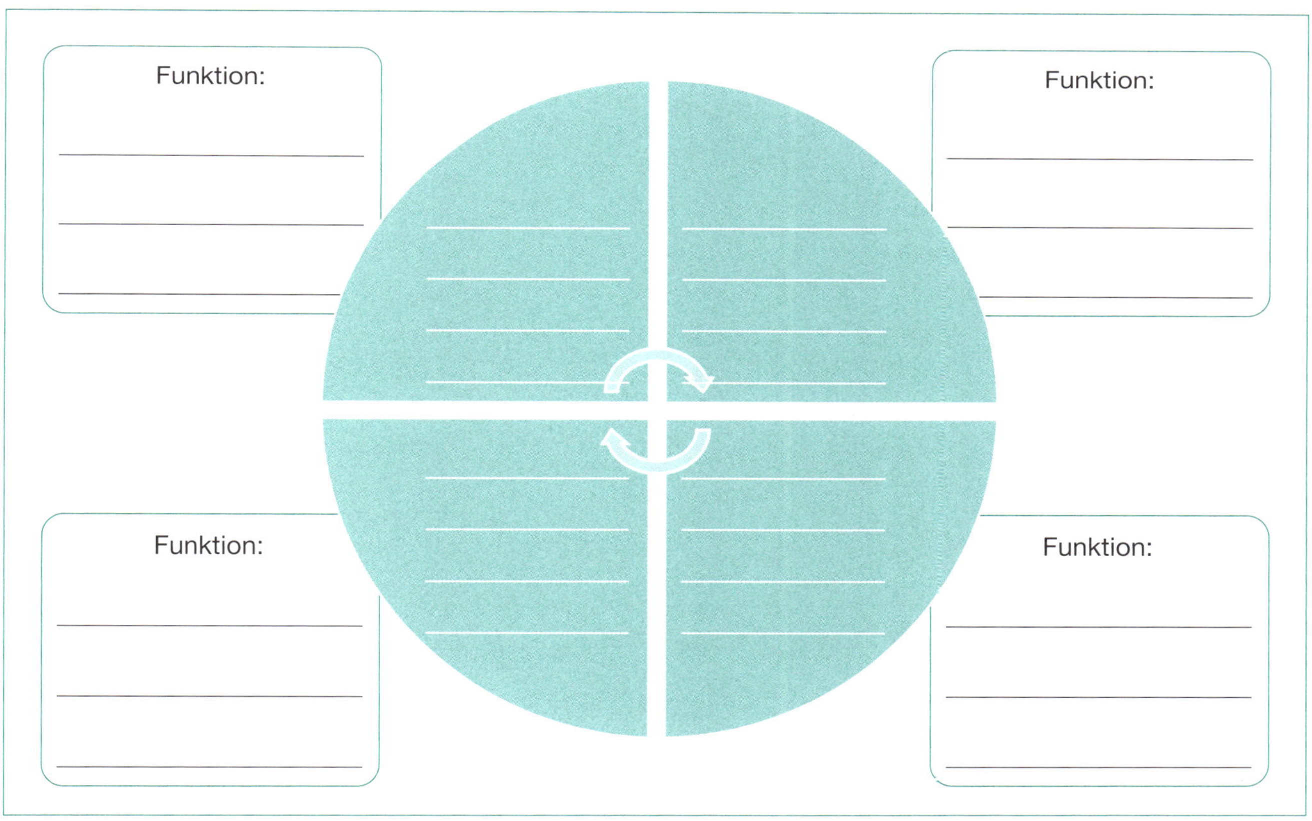

Schleimbeutel = ______

______

9.2.2 Gelenkarten

Im menschlichen Körper gibt es verschiedene Gelenkarten.

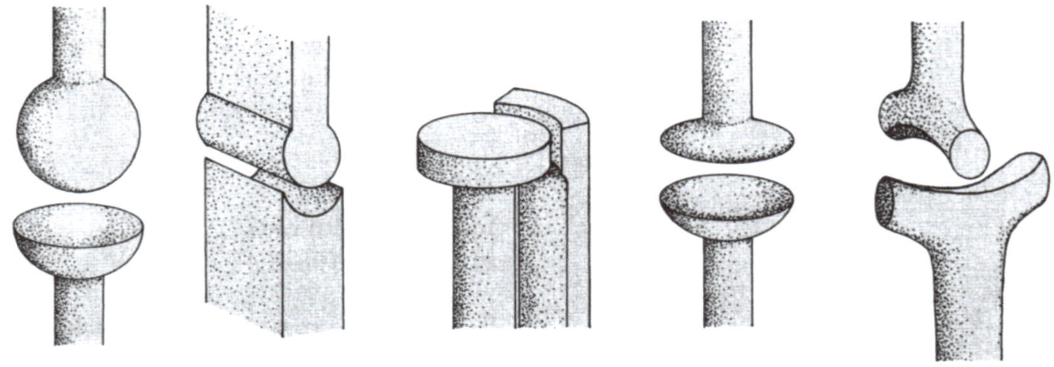

(vgl. Weineck, J.: Sportanatomie, 18. Aufl. Spitta Verlag 2008, S. 80)

	Gelenkart	Funktion	Beispielgelenke
a			
b			
c			
d			
e			

Merke: Gelenke sind für bestimmte Bewegungen vorgesehen.

9.2.3 Agonist und Antagonist in der sportlichen Bewegung

An einer sportlichen Bewegung sind immer ______________________ Muskeln beteiligt.

Agonisten/Synergisten = Muskeln, die ______________________

Antagonisten = Muskeln, die ______________________

______________________ + ______________________

=

fein koordinierter Bewegungsablauf

- Antagonisten haben einen __________ Einfluss auf die sonst __________ und __________ Bewegungen der Agonisten.

- Muskeln, welche für bestimmte Bewegungen Agonisten sind, können für andere Bewegungen

  zu ____________ werden.

- ____

Partnerarbeit: Überlegt euch eine sportliche Bewegung, wie zum Beispiel der Rückhandtopspin (Lehrbuch S. 89) und definiert daran den Agonisten und Antagonisten.

!

9.2.4 Kniegelenk

Kniegelenk

______________ Gelenk | ______________ Gelenk | ______________ Gelenk

Gelenke sind für ganz bestimmte Bewegungen konstruiert.

Bewegungsmöglichkeiten:

- ______________________________

  ____
- ______________________________

  ____

Merke:

Bewegungen, die der Funktionalität des Gelenkes entgegenwirken,

____

das Kniegelenk.

9.2.5 Sprunggelenke und Fuß

Fuß

→ ______________ | ______________ | ______________

Sprunggelenke

oberes Sprunggelenk

____

____

Funktion:

____

____

unteres Sprunggelenk

____

____

Funktion:

____

____

Die Führung der Bewegungen in den Sprunggelenken erfordert einen

____.

9.2.6 Wirbelsäule

Wirbelsäule

↓

_____ Halswirbel

↓

_____ Brustwirbel

↓

_____ Lendenwirbel

↓

_____ Kreuzwirbel = ____________________

↓

_____ Steißwirbel = ____________________

_____ Wirbel + _____ Zwischenwirbelscheiben (= ____________________)

= Wirbelsäule

- Wirbelsäule weist eine ____________________ Form auf.

  ➡ Funktion: ____________________

- Beweglichkeitsfunktion: ____________________
- Stützfunktion: ____________________
- Schutzfunktion: ____________________
- Bandscheibe = ____________________

  ➡ Funktion: ____________________

Umgang mit der Wirbelsäule

➡ Tipps für den Alltag:

____

____

____

____

➡ Tipps bei sportlichen Belastungen

____

____

____

____

9.2.7 Schultergelenk

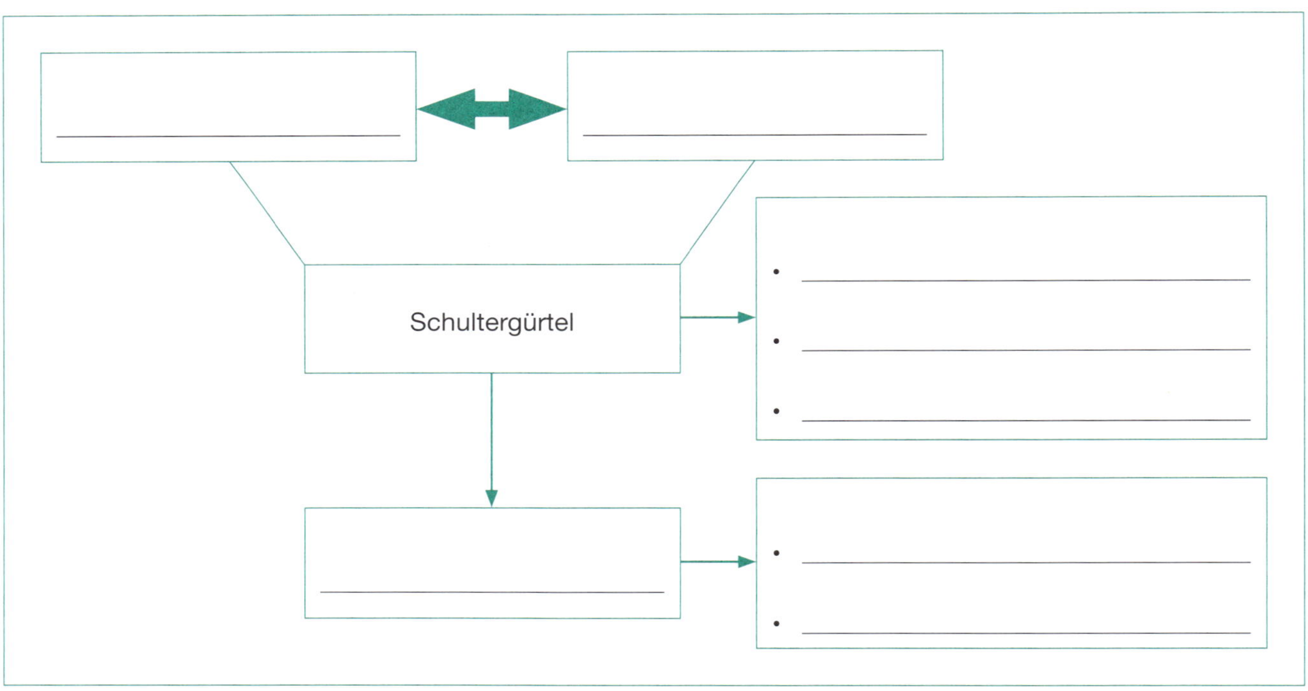

= ______________ Gelenk des menschlichen Körpers

➡ Erklärung: ______________________________

____

____

Besonderheiten des Schultergelenks:

- ____
- ____

Überprüfe dein Wissen ?

Aufgabe 1:

a) **G:** Was stellt im Spitzensport eine leistungsbegrenzende Größe sportlicher Höchstleistung dar? Begründe.

b) **M:** Wie sehen die Anpassungen des passiven Bewegungsapparates bei sportlichem Training konkret aus? Erläutere.

c) **E:** Erläutere ausführlich die Konsequenzen einer Mehr- und Minderbelastung im Sinne von Sporttreiben.

Aufgabe 2:

a) **G,M,E:** Skizziere einen schematischen Gelenkaufbau anhand der typischen Bestandteile.

b) **G:** Was sind Schleimbeutel?

c) **M:** Beschreibe die Funktionen der typischen Bestandteile eines Gelenks.

d) **E:** Beschreibe die Funktionen der typischen Bestandteile eines Gelenks und skizziere im Vergleich zur vorherigen Skizze den Gelenkaufbau eines Sportlers unter Beachtung der Anpassungserscheinungen von Mehrbelastung.

Aufgabe 3:

a) **G:** Definiere „Agonist“ und „Antagonist“.

b) **M:** Definiere anhand einer bestimmten sportlichen Bewegung den Agonisten und Antagonisten und beschreibe dabei deren Funktion.

c) **E:** Welche Faktoren spielen in einem so fein koordinierten Bewegungsablauf, wie im Beispiel von Dimitri Ovtcharov und seinem Rückhandtopspin, zusammen? Erläutere ausführlich.

Aufgabe 4:

a) **G:** Welche Gelenkarten kommen im menschlichen Körper vor?

b) **M:** Vergleiche die verschiedenen Gelenkarten hinsichtlich der Beschreibung ihrer Funktion und nenne dazu jeweils Beispielgelenke.

c) **E:** Stellt das „Kopfkreisen“ eine funktionelle Übung für die zwei obersten Halswirbel dar? Begründe. Erläutere die Funktionalität der unterschiedlichen Gelenkarten.

Überprüfe dein Wissen ?

Aufgabe 5:

Beschreibe die Besonderheiten des jeweiligen Gelenks und deren Bewegungsmöglichkeiten.

a) **G:** Kniegelenk
b) **M:** Sprunggelenk
c) **E:** Schultergelenk

Aufgabe 6:

a) **G:** Benenne den Aufbau einer Wirbelsäule.
b) **M:** Benenne den Aufbau einer Wirbelsäule und beleuchte deren verschiedene Funktionen.
c) **E:** Benenne den Aufbau einer Wirbelsäule, beleuchte deren verschiedene Funktionen und arbeite daraus wichtige Faktoren im Umgang mit der Wirbelsäule aus.

Überprüfe dein Wissen – Bearbeitung !

Überprüfe dein Wissen – Bearbeitung

Überprüfe dein Wissen – Bearbeitung

10 Aufwärmen im Sport

Merke:

Das Aufwärmen ist ein wesentlicher Bestandteil des Sporttreibens. Durch ein sinnvolles, sportartgerichtetes Aufwärmen kann man bessere Ausgangsbedingungen für die Leistungsfähigkeit des Sportlers schaffen.

↓

Das Aufwärmen dient dem Sportler zur physischen und psychischen Vorbereitung auf die darauffolgende Belastung.

Allgemeines Aufwärmen: ______________________

____

____

Spezielles Aufwärmen: ______________________

____

____

Die Funktionen des Aufwärmens nach Frey:

1. ______________________
2. ______________________
3. ______________________
4. ______________________
5. ______________________

Überprüfe dein Wissen ?

Aufgabe 1:

a) **G:** Welche 2 Formen des Aufwärmens gibt es? Benenne sie.
b) **M:** Welche 2 Formen des Aufwärmens gibt es? Erläutere sie.
c) **E:** Wie könnte das Aufwärmen in einer dir bekannten Sportart unter Berücksichtigung der 2 Formen des Aufwärmens konkret aussehen?

Aufgabe 2:

a) **G:** Benenne die 5 Funktionen des Aufwärmens nach Frey.
b) **M:** Erläutere ausführlich, welche Funktionen dem Aufwärmen zukommen.
c) **E:** 1. Wie hängen Körpertemperatur und Leistungsfähigkeit zusammen?
2. Was bedeutet das für die Sportpraxis?

Aufgabe 3:

a) **G:** „Durch das Aufwärmen bei Ausdauerbelastungen verbraucht man unnötig Energie, die einem anschließend beim Laufen fehlt.“
Nimm Stellung zu dieser Aussage.
b) **M:** Ist es sinnvoll, sich vor einem Technik- und Koordinationstraining ausschließlich mit einem 10-minütigen Einlaufen aufzuwärmen?
Begründe.
c) **E:** Sollte vor einem Schnelligkeits- oder Schnellkrafttraining die Muskulatur durch passives Dehnen erwärmt werden, um die Muskelfasern vor Verletzungen zu schützen? Begründe.

Aufgabe 4:

a) **G:** Wie lange sollte man sich in der Regel aufwärmen?
b) **M:** Von welchen Faktoren wird die Dauer des Aufwärmens mitbestimmt?
Erkläre anhand eines konkreten Beispiels aus der Praxis.
c) **E:** Was bewirkt das Aufwärmen im Herz-Kreislauf-System und im Atmungssystem?
Erläutere die positiven Auswirkungen konkret anhand eines Praxisbeispiels.

Überprüfe dein Wissen – Bearbeitung

!

Aufwärmen – selbst geplant

?!

Erarbeitet in Gruppenarbeit (Dreiergruppen) ein eigenes Aufwärmprogramm.
Wählt selbst ein Stundenthema aus und plant dazu ein allgemeines und spezielles Aufwärmen.

Stundenthema: ______________________________

Benötigte Materialien: ______________________________

____

____

____

Allgemeines Aufwärmen:

Spezielles Aufwärmen:

11 Ausdauertraining

In welchen Sportarten bzw. Disziplinen benötigt man Ausdauer?

Definition (nach Weineck):

Psychische Ausdauer =

Physische Ausdauer =

Die beiden Hauptkomponenten der Ausdauer

Vorteile von Ausdauertraining:

- ______________________________
- ______________________________
- ______________________________
- ______________________________

11.1 Welche positiven Effekte kann ich von Ausdauertraining erwarten?

✓ Sport und vor allem AUSDAUERSPORT wird ______________________________.

✓ Verbesserung der Ausdauerleistungsfähigkeit

➡ ______________________________

Die positiven gesundheitlichen Effekte von Ausdauertraining auf den menschlichen Organismus

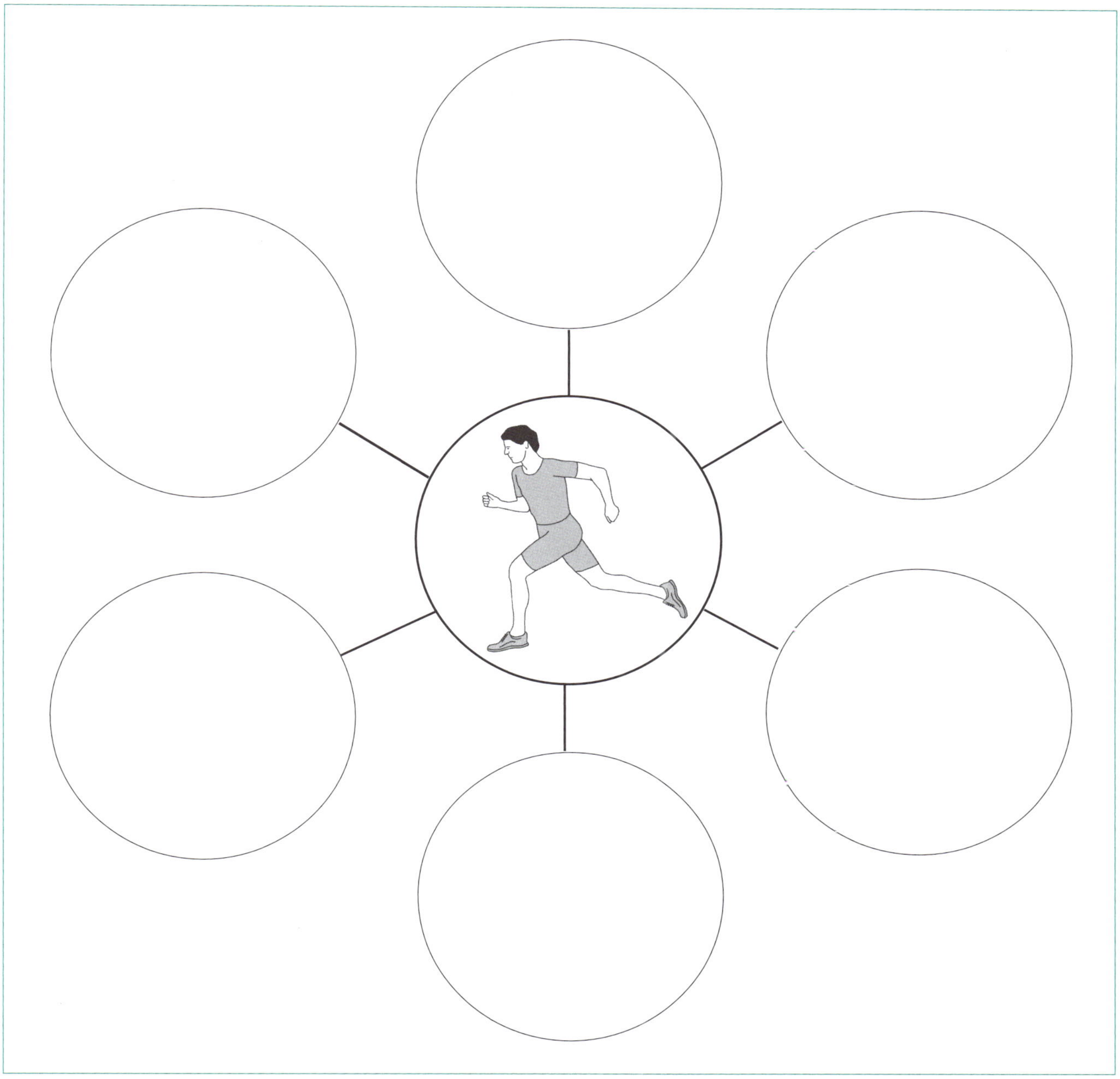

11.2 Ausprägungsformen der Ausdauer

1

Arbeitsweise der Muskulatur

statische Ausdauer

____

____

____

dynamische Ausdauer

____

____

____

2

Anteil der beanspruchten Muskulatur

allgemeine Ausdauer

= ______________________

lokale Ausdauer

= ______________________

3 Zeitliche Zuordnung

✓ Kurzzeitausdauer (KZA)

- Wettkampfzeiten: ______________________
- Stoffwechselanforderungen:

____

____

✓ Mittelzeitausdauer (MZA)

- Wettkampfzeiten: ____________________
- Stoffwechselanforderungen:

  ____

✓ Langzeitausdauer (LZA)

- Wettkampfzeiten: ____________________
- Stoffwechselanforderungen:

  ____

11.3 Der richtige Trainingsbereich im Ausdauertraining

Wie finde ich meinen richtigen, individuellen Trainingsbereich im Ausdauertraining?

➡ Hierzu gibt es verschiedene Hilfsmittel und Hilfsgrößen:

AKTION	Puls	Datum
Im Sitzen		
10 Sekunden laufen auf der Stelle		
10 Kniebeugen		
Mehrere „Stuhlsteiger"		
1 min später		
Ruhepuls nach dem Schlafen		
100 m		
1 min später		
400 m		
1 min später		
15 min lockeres Joggen		

➡ **Wichtiger Hinweis:**

Um die Herzfrequenz nach einer Belastung zu messen, muss man **unmittelbar nach Belastungsende** die Herzschläge zählen. Der Herzfrequenzabfall ist innerhalb der ersten Sekunde nach Belastungsende sehr stark.

- Wozu dient eine Pulsuhr?

Pulsuhren = ____

____

____

____

Merke:
Puls = sehr guter Parameter für die Anzeige der Belastungsintensität beim Ausdauertraining

AKTION	Puls
Relaxen auf dem Sofa	
Anziehen der Laufschuhe	
Loslaufen	

Frauen haben generell höhere Herzfrequenzen als Männer.

Das Herz hat die Aufgabe über den ______________________, ______________________

und ______________________ für die Energiegewinnung in die ______________________ zu pumpen.

Wenn wir schneller laufen, ____

____.

- Warum hat mein/e Klassenkamerad/in einen anderen Puls als ich?

Der Puls hängt von…

… ______________________ … ______________________

… ______________________ … ______________________

… ______________________ … ______________________

… ______________________ … ______________________

… ______________________ ab.

- Maximale Herzfrequenz und Trainingsbereich

Merke:

____

____

____

____

____

____

____

Die Trainingsbereiche ergeben sich dann in Abhängigkeit von der HFmax wie folgt:

Trainingsbereich	Prozent von HFmax
Regenerationstraining (aktive Regeneration)	< 60% der HFmax
Grundlagenausdauertraining 1	60–75% der HFmax
Grundlagenausdauertraining 1/2	75–85% der HFmax
Grundlagenausdauertraining 2	85–95% der HFmax
Wettkampfspezifisches Ausdauertraining	> 95%

Erklärung an einem Beispiel: Jugendlicher → HFmax = 190 Schläge/min

____

____

____

____

____

Absolute Anfänger sollten ____
mit dem Training beginnen.

Wer bereits seit einiger Zeit trainiert, kann ____
einsteigen.

- Training nach Gefühl – Trainieren nach der Borg-Skala
  - Der Läufer spürt, bei welchem Tempo das Laufen gut für ihn ist. → Er sollte sich dabei wohl fühlen.
  - Das eigene Körpergefühl = guter Ratgeber und kann vor Überlastung schützen.
  - Jedem Trainingsbereich kann ein Anstrengungsempfinden zugeordnet werden.

➡ BORG-Skala = ____________________

____

____

Merke:

____

____

____

____

____

- Je weniger gut man ausdauertrainiert ist, ____________________

  ____________________.

- Gut Trainierte ____________________

  ____________________.

- Höre auf deinen Körper, denn der Körper lügt nie!
- Trainieren nach Faustformeln

Herzfrequenzformel:	
Für Erwachsene:	HFmax = 208 – 0,7 x Lebensalter
Für Kinder und Jugendliche:	HFmax = 220 – Lebensalter

____

- Die Faustformel ist jedoch nur eine Orientierung.
- Jeder sollte stets auf seinen Körper hören und die Laufgeschwindigkeit entsprechend regulieren: „Der Körper lügt nie!“

Überprüfe dein Wissen

?

Aufgabe 1:

a) **G:** Was versteht man unter Ausdauer?
b) **M:** Erkläre die Begrifflichkeiten „Psychische Ausdauer" und „Physische Ausdauer"
c) **E:** Was wird unter dem Begriff „Ermüdungswiderstandsfähigkeit" verstanden? Warum spielt bei der Ausdauerfähigkeit auch die Erholungsfähigkeit eine bedeutende Rolle?

Aufgabe 2:

a) **G:** Nenne 3 Vorteile von Ausdauertraining.
b) **M:** Zähle 4 positive gesundheitliche Effekte von Ausdauertraining auf den menschlichen Organismus auf.
c) **E:** Macht Sport schlau? Begründe deine Antwort.

Aufgabe 3:

a) **G:** Erkläre den Unterschied von statischer und dynamischer Ausdauer.
b) **M:** Welche Ausprägungsformen der Ausdauer werden bezüglich dem Anteil der beanspruchten Muskulatur unterschieden? Erkläre.
c) **E:** Welche Ausprägungsformen der Ausdauer werden basierend auf der zeitlichen Zuordnung unterschieden?

Aufgabe 4: **G,M,E**

Was sagt der Puls aus?

Aufgabe 5:

a) **G:** Wozu dient im Ausdauertraining eine Pulsuhr?
b) **M:** Warum hat dein/e Mitschüler/in einen anderen Puls als du? Begründe.

c) **E:** Relaxen auf dem Sofa: __________ Schläge/min

Anziehen der Laufschuhe: __________ Schläge/min

Loslaufen: __________ Schläge/min

Erläutere die verschiedenen Herzfrequenzen.

Aufgabe 6: **G,M,E** – Dreiergruppen

a) Erläutere eine Methode zum Ausdauertraining, die ohne jegliche Hilfsmittel, wie z.B. Pulsuhr, vor Überlastung oder auch Unterforderung schützt.
b) Berechne deine maximale Herzfrequenz.

Überprüfe dein Wissen – Bearbeitung

11.4 Ausdauerarten

Allgemeine Ausdauer

______________ (______________)	______________	______________
Energiebereitstellung:	Energiebereitstellung:	Energiebereitstellung:
Beispiele:	Beispiele:	Beispiele:
Wettkampfzeiten:	Wettkampfzeiten:	Wettkampfzeiten:

Langzeitausdauer	**Stoffwechselanforderungen**
______________ (______________ min)	
______________ (______________ min)	
______________ (______________ min)	
______________ (______________ min)	

11.5 Grundlagenausdauer

= ______________ ______________, ______________ Ausdauer

Aufgabe der Grundlagenausdauer:

____

____

Bestimmende Faktoren:

- ______________
- ______________
- ______________
- ______________

11.5.1 Bedeutung der Grundlagenausdauer

GRUNDLAGENAUSDAUER					
= ______________ vieler Sportarten					
Ergänze die Tabelle mit passenden Sportarten. !					

Auswirkungen des Ausdauertrainings

- ______________ ➡ ______________
- ______________ ➡ ______________
- ______________ ➡ ______________
- ______________ ➡ ______________
- ______________ ➡ ______________
- ______________ ➡ ______________
- ______________ ➡ ______________
- ______________ ➡ ______________
- ______________ ➡ ______________

11.5.2 Azyklische Spielausdauer

Beschreibe ein konkretes Praxisbeispiel zur azyklischen Spielausdauer:

Komponenten der azyklischen Spielausdauer

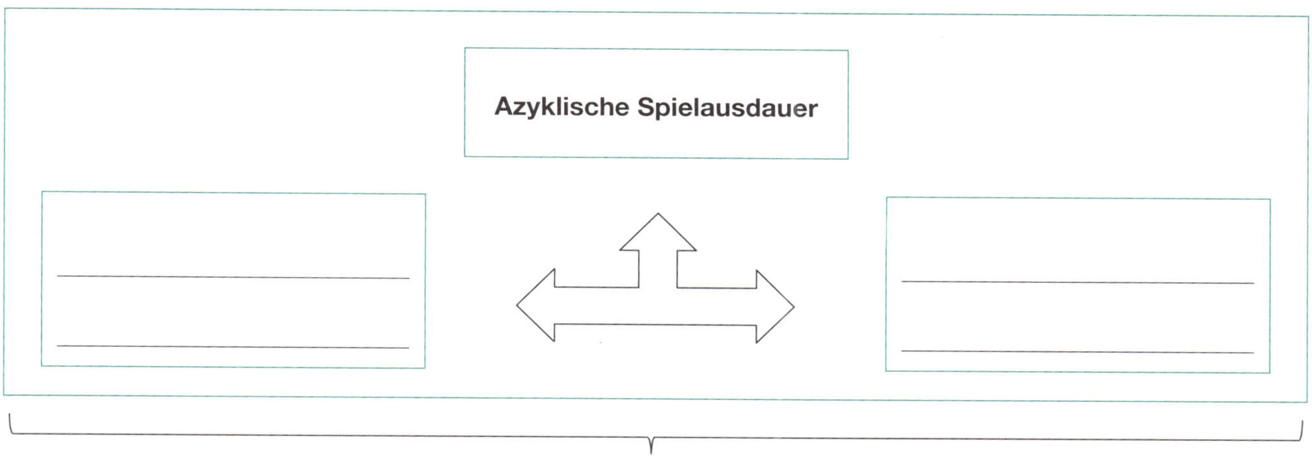

Erläuterung:

Trainingsmethoden:

-
-

11.6 Trainingsmethoden beim Ausdauertraining

Vierergruppen:

Arbeitet paarweise eine Trainingsmethode aus und präsentiert sie anschließend innerhalb eurer Gruppe.

11.6.1 Die Dauermethode

✓ Wie funktioniert die Haupttrainingsmethode des Ausdauertrainings, die Dauermethode?

____

____

____

____

____

____

____

____

✓ Worin liegt der Unterschied zwischen der extensiven und der intensiven Dauermethode?

- Extensive Dauermethode = ________________
- Intensive Dauermethode = ________________

✓ Beschreibe die Wirkungen der Dauermethode.

____

____

____

____

____

____

____

✓ Welche Vorteile hat das Grundlagenausdauertraining nach der Dauermethode?

-
-
-

11.6.2 Die extensive Intervallmethode

✓ Beschreibe das Prinzip der lohnenden Pause!

✓ Wie funktioniert die extensive Intervallmethode?

✓ Beschreibe die Wirkungen der extensiven Intervallmethode.

✓ Nenne und beschreibe die Besonderheiten der extensiven Intervallmethode im Vergleich zur Dauermethode.

-
-

Überprüfe dein Wissen

?

Aufgabe 1:

a) **G:** Worin liegt der Unterschied eines Freizeitläufers, der pro Tag 30 min läuft und einem Marathonläufer, der mehrere Stunden läuft?

b) **M:** Worin liegt der Unterschied eines Freizeitläufers, der pro Tag 30 min läuft und einem Marathonläufer, der mehrere Stunden läuft?
Beschreibe und gehe außerdem auf die Energiebereitstellungen ein.

c) **E:** Worin liegt der Unterschied eines Freizeitläufers, der pro Tag 30 min läuft und einem Marathonläufer, der mehrere Stunden läuft?
Erläutere ausführlich. Beschreibe außerdem die verschiedenen Stoffwechselanforderungen.

Aufgabe 2:

Sportmedizinisch wird Squash wie folgt charakterisiert:

- Dauer der Spiele bei Ø 5 Sätzen: ca. 60 min
- Ø Laktatspiegel: ca. 6,3 mmol/l
- Herzfrequenz-steady-state: ca. 180-185 Schläge/min

a) **G:** Wozu benötigt der Squash-Spieler Grundlagenausdauer?

b) **M:** Wozu benötigt der Squash-Spieler Grundlagenausdauer und spezielle Ausdauer?

c) **E:** Welche Ausdauerarten benötigt ein Squash-Spieler? Erläutere ausführlich und beschreibe, wie ein Squash-Spieler trainieren sollte.

Aufgabe 3: **G,M,E**

Worin liegt das Ziel aller Ausdauertrainingsmethoden?

Aufgabe 4: **Dauermethode**

a) **G:** Wie funktioniert diese Methode?

b) **M:** Worin liegt der Unterschied zwischen der extensiven und der intensiven Dauermethode und wie sollten diese angewendet werden?

c) **E:** Erläutere aus verschiedenen Perspektiven die Wirkungen der Dauermethode.

Aufgabe 5: **G,M,E** – Vierergruppen

Das Sportprofil der Lerngruppen 8 und 9 plant an einem 10 km-Lauf teilzunehmen.
Überzeugt die Lernpartner mit einem Ausdauertraining nach der Dauermethode, in dem ihr auf die Vorteile dieses Grundlagenausdauertrainings eingeht.

Aufgabe 6: **extensive Intervallmethode**

a) **G:** Erkläre das Prinzip der lohnenden Pause.

b) **M:** Zwei Lernpartner trainieren nach der Intervallmethode mit dem Prinzip der lohnenden Pause.
Wird die Länge der lohnenden Pause variabel gehandhabt? Begründe.

c) **E:** Erläutere, wie eine „lohnende Pause“ konkret aussieht bzw. aussehen kann.

Überprüfe dein Wissen – Bearbeitung

11.7 Sportartencheck – Welche Sportart ist die Richtige für mich?

!

Lies im Lehrbuch die Seiten 115 bis 119 durch und erstelle eine „Hitliste“ deiner Lieblingssportarten mit hohem Fitnessfaktor.

1. ______________________________
2. ______________________________
3. ______________________________
4. ______________________________
5. ______________________________
6. ______________________________
7. ______________________________
8. ______________________________

Begründe dein individuelles Ranking!

____

____

____

____

____

____

____

____

____

11.8 Sportmedizinische Aspekte des Ausdauertrainings im Jugendalter

✓ Geschlechtsspezifische Unterschiede in der Pubertät:

____

____

____

✓ Unterschiede der Herzfrequenz zwischen Kinder/Jugendlichen und Erwachsenen:

____

____

____

____

____

____

↓

Daraus resultierende Folgerungen:

Aus rein energetischer Sicht sind ____________________ genauso ____________________

wie Erwachsene. Sie zeigen im Herz-Kreislauf-System prinzipiell die gleichen ____________________.

Aber erst mit ca. 15 bis 16 Jahren erreichen sie die gleichen ____________________ wie Erwachsene.

Erst ab diesem Alter wird im ____________________ eine Belastbarkeit wie bei Erwachsenen erreicht,

da das ______________ ein ____________________ für die ______________ ist.

Kann nicht ausreichend ______________ werden, besteht die Gefahr einer ______________ durch Ausdauertraining.

Auch Jugendliche erreichen eine bessere ____________________ durch ______________ (wie Erwachsene).

12 Krafttraining

!

Woran denkst du beim Thema Krafttraining?

Warum ist Krafttraining wichtig?

Sollen Kinder und Jugendliche ihre Kraft trainieren?

❏ JA ❏ NEIN

Begründung:

Erscheinungsformen der Kraft

Sportart	Konkrete Übung

➡ Alle Sportler brauchen ____.

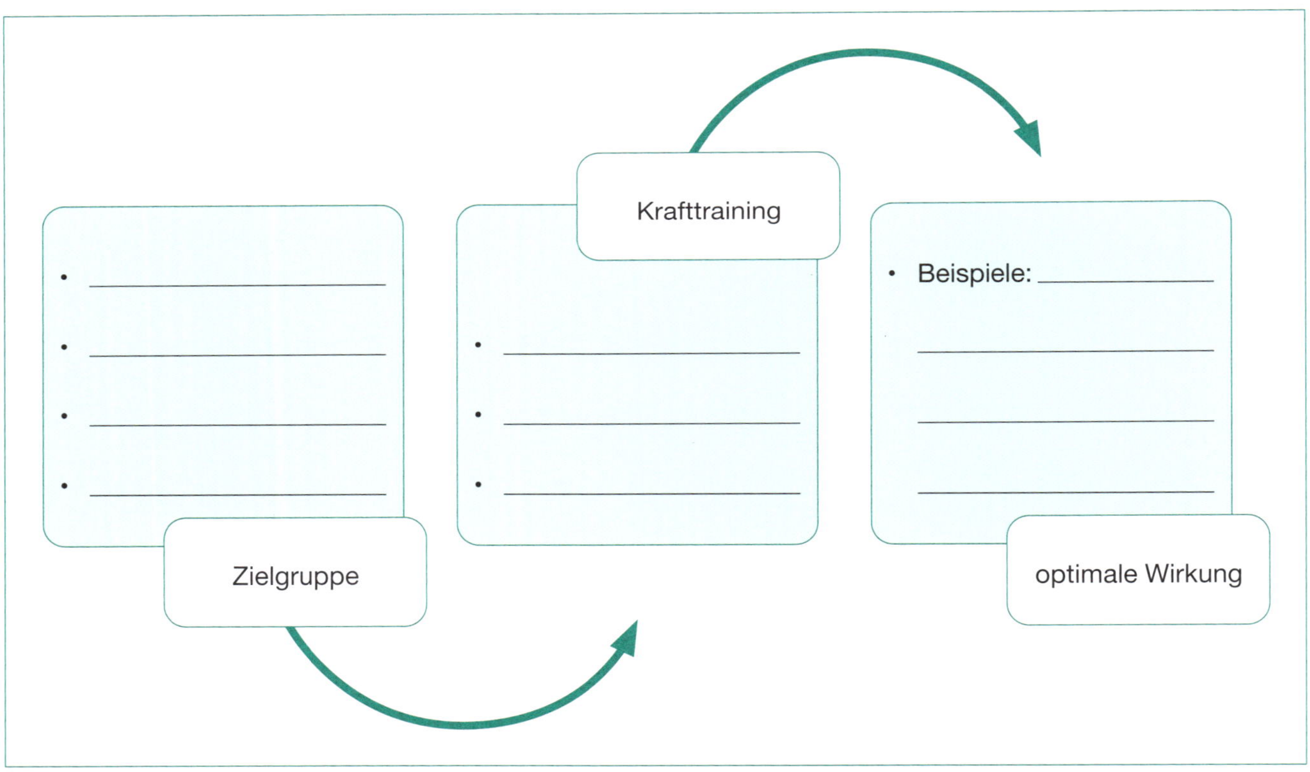

Zielsetzungen eines fitnessorientierten Krafttrainings

Fasse die unterschiedlichen Motive themenbezogen zusammen und finde hierfür einen Überbegriff.

______________	______________	______________
• ______________	• ______________	• ______________
• ______________	• ______________	______________
• ______________	• ______________	• ______________
• ______________	______________	______________
______________		______________
______________		
• ______________		
______________		
• ______________		
______________		

12.1 Arten der Kraft

Warum gibt es deiner Meinung nach verschiedene Arten von Kraft?

____

____

____

Kraft tritt in unterschiedlichen Sportarten auf. Selten jedoch in einer abstrakten ______________.

Kraftart = meist eine Mischform der ______________ Fähigkeiten

Die vier Haupterscheinungsarten der Kraft

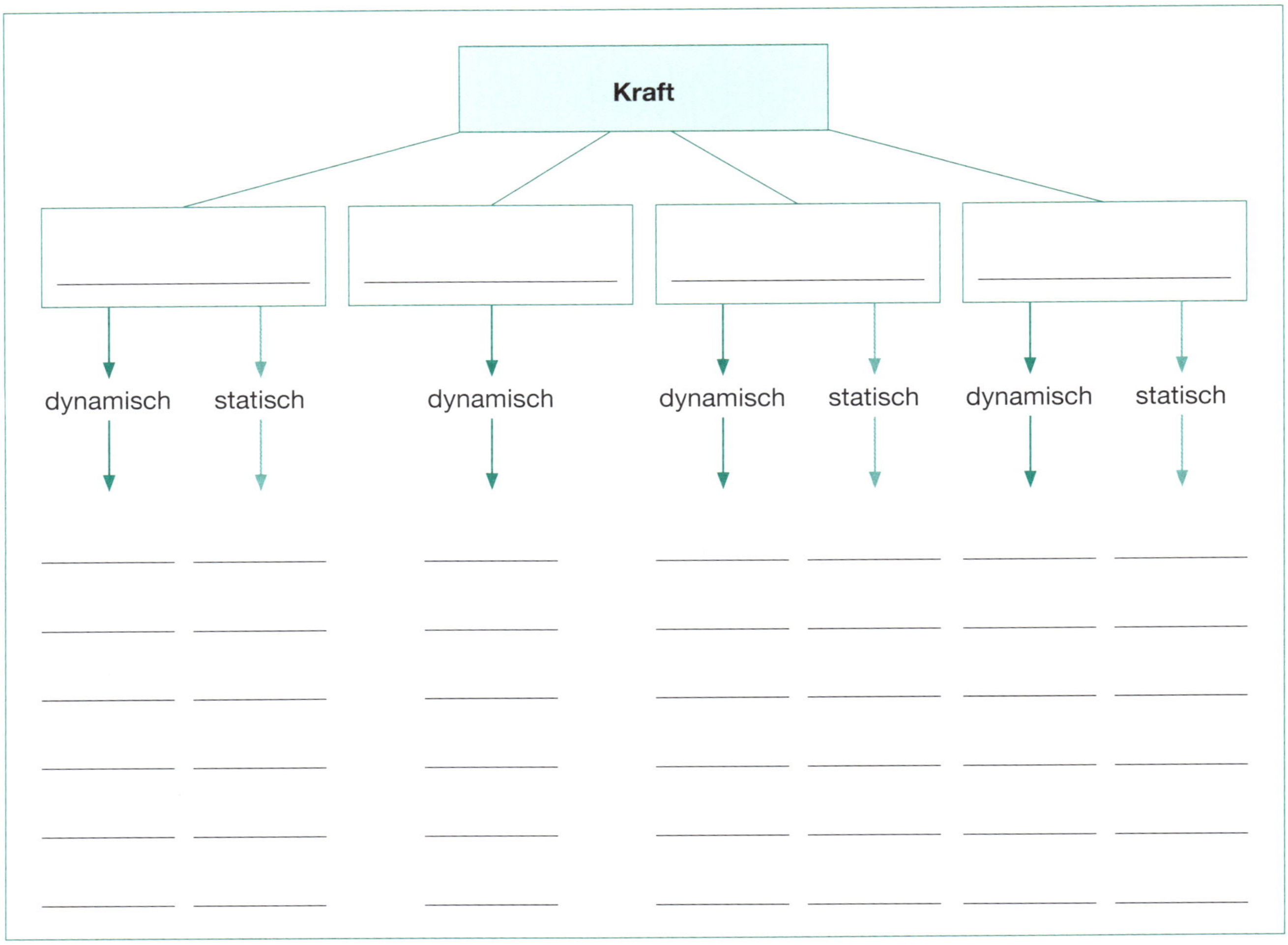

12.2 Arbeitsweise der Muskulatur

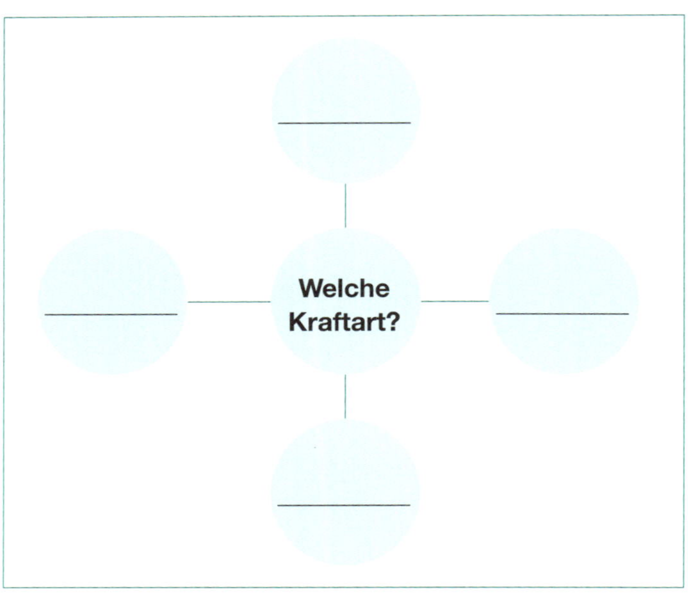

Definition:

Markiere in der Definition die 3 grundsätzlichen Arbeitsweisen der Muskulatur verschiedenfarbig.

Strukturierung der Kraft nach Kontraktionsformen

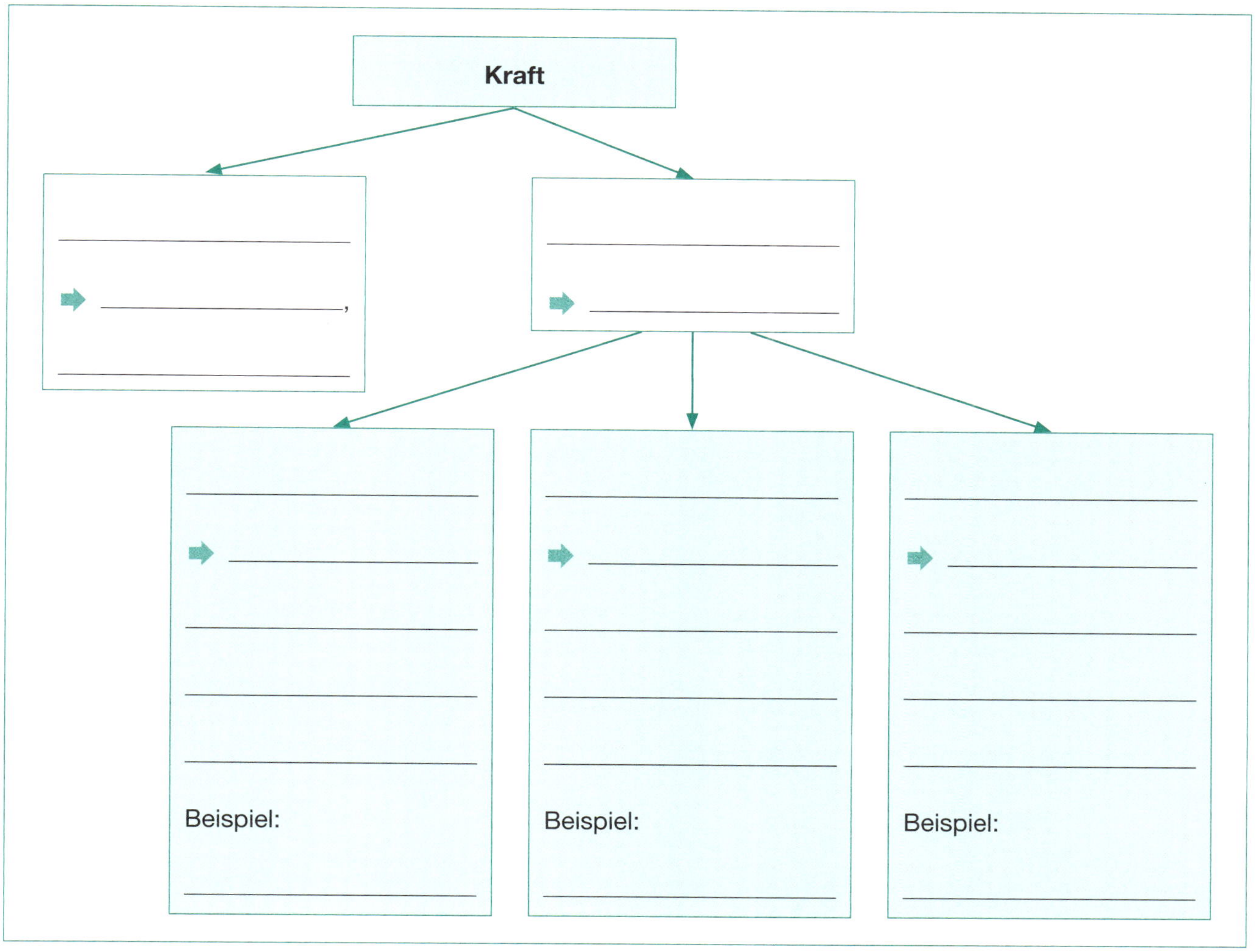

Folgende Faktoren bestimmen die Kraft der Muskulatur

Markiere die Faktoren, die durch Training zu beeinflussen sind.

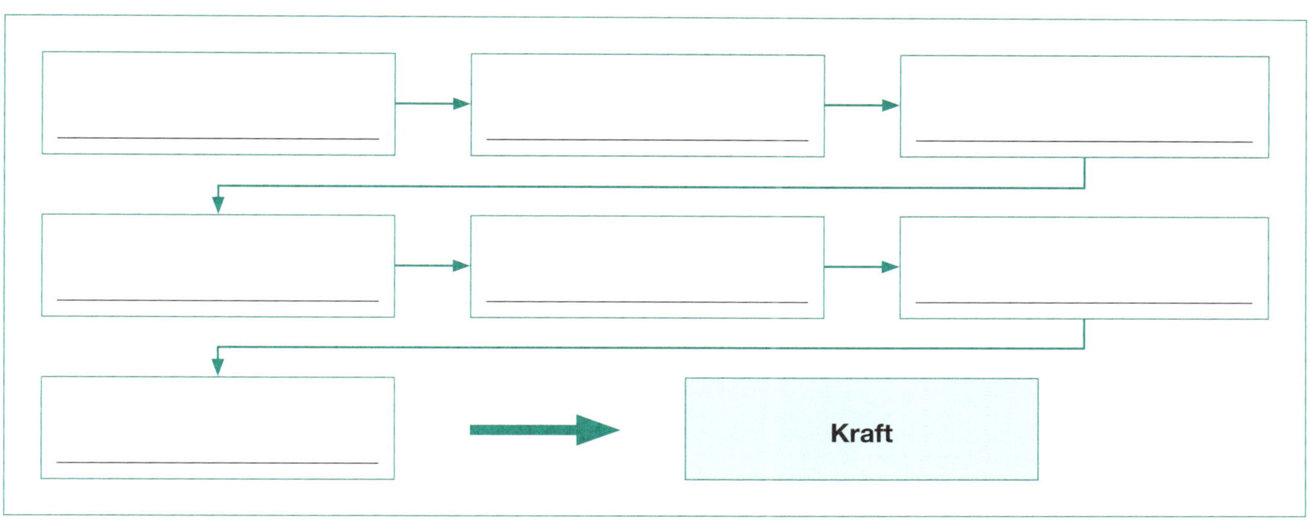

Krafttraining: Nicht auf alle Faktoren hat man den gleichen Einfluss!

Dominierend für die Kraftentwicklung ist der ____.

Die Muskelfaserarten

Es werden zwei Muskelfasertypen unterschieden:

Langsame Muskelfasern (Typ-I-Fasern)	Schnelle Muskelfasern (Typ-II-Fasern)
= ______________________	= ______________________
= ______________________	= ______________________
• ______________________	• ______________________
• ______________________	• ______________________
______________________	______________________
• ______________________	• ______________________
______________________	______________________
______________________	______________________
______________________	______________________
• ______________________	• ______________________
______________________	______________________
______________________	______________________

Die Faserverteilung, das Verhältnis von schnellen zu langsamen Fasern, liegt im Allgemeinen bei __________ zu __________ %.

➡ Viele Menschen besitzen also ein ______________________ Verhältnis an roten und weißen Fasern.

➡ Dies kann jedoch von Mensch zu Mensch stark ______________________.

➡ Durch sportliches Training im Sprint- und Ausdauerbereich kann das Verhältnis gezielt ______________________ werden.

➡ Die dauerhafte Umwandlung von ______________________ in ______________________ erreicht man durch entsprechend gestaltetes Ausdauertraining.

➡ Eine Umwandlung von ______________________ in ______________________ ist kaum möglich.

Merke:

Fußballer: ______________________________

____

Ausdauersportler (______________________________): ______________________________

____

Elite Marathonläufer: ______________________________

Muskeln

= mechanisch arbeitende Muskelfasern → **MUSKELARBEIT**

= größtes Stoffwechselorgan → Menschen, die über relativ wenige Typ I Fasern verfügen, können mit ihren Muskeln nicht so effektiv

____

➡ D.h.: ______________________________

↓

→ Menschen, die über einen sehr hohen Anteil an Typ I Fasern verfügen, verbrennen bei gleicher körperlicher Belastung

____

➡ D.h.: ______________________________

Auswirkungen von Muskelarbeit bzw. Sport

Zur Motivation im Krafttraining

Warum ist die Motivation gerade beim Krafttraining von großer Bedeutung?

____

____

Wichtig:

____

12.3 Erscheinungsformen der Kraft

Strukturierung der Kraft			
Basisfähigkeit	__________		
Subkategorien	__________ ➡ __________	__________ ➡ __________	__________ ➡ __________
Komponenten	• __________ • __________ • __________	• __________ • __________ • __________ • __________ __________	• __________ • __________ __________ • __________ • __________ __________

?

Partnerarbeit:

Lest euch das Kapitel 12.3 im Lehrbuch eigenständig durch. Fasst die einzelnen Erscheinungsformen der Kraft mithilfe der angegebenen Themenbereiche möglichst kurz zusammen.

12.3.1 Maximalkraft

!

Definition:

Funktion:

Sportarten:

Wirkung der verschiedenen Krafttrainingsmethoden auf die Muskelmassenzunahme:

Faktoren, die die Maximalkraft beeinflussen:

12.3.2 Schnellkraft

!

Definition:

Sportarten:

Zusammenspiel Schnellkraft – Maximalkraft:

Subkategorien - Schnellkraft:

Erläuterung-Praxisbeispiel:

12.3.3 Reaktivkraft

!

Definition:

Praxisbeispiele:

Sportarten:

12.3.4 Kraftausdauer

Definition:

________________ Kraftausdauer	________________ Kraftausdauer

Sportarten:

Kraft und Ausdauer – Ein Zusammenspiel der beiden konditionellen Fähigkeiten:

Trainingsmittel im Krafttraining:

12.4 Belastungsnormative im Krafttraining

____________	____________	____________
(= ____________)	(= ____________)	(= ____________)
• ____________	• ____________	• ____________
____________	____________	____________
• ____________	____________	• ____________
____________	• ____________	____________
	____________	
	____________	

Durchführungsart/Krafteinsätze	Belastungsintensität	Krafttrainingsmethoden
____________ (____________)	____% (__) ____% (__)	____________ (____________)
____________ (____________)	____% (__)	____________ (____________)
____________ (____________)	____% (__) ____% (__)	____________ (____________)
____________ (____________)	____% (__) ____% (__)	____________

12.5 Maximalkrafttraining

Merke:
2 Faktoren beeinflussen die Maximalkraft entscheidend.

- ______________________
- ______________________

} zielgerichtete Trainingsmethoden

12.5.1 Muskelhypertrophietraining (= Q-Training)

= ______________________

Ziel:

____

➡ ______________________

Geeignet für:

____

Trainingshäufigkeit:

____

	Q-Training Anfänger	Q-Training Fortgeschrittene
Arbeitsweise		
Intensität		
Geschwindigkeit		
Wiederholungen		
Pause		
Umfang		

Skizziere die neuronalen Anpassungen und die Hypertrophie im Muskel:

12.5.2 Klassische amerikanische Bodybuilding-Methoden

Intramuskuläres Koordinationstraining

= ______________________

Ziel:

____

➡ ______________________

Geeignet für:

____

____

____

Unterschied Hypertrophietraining:

____

____

____

Skizziere die neuronalen Anpassungen im Muskel:

Pyramidentraining

= ______________________________

Funktion:

____

Veränderung Belastungshöhe/ Wiederholungszahl beim Pyramidentraining:

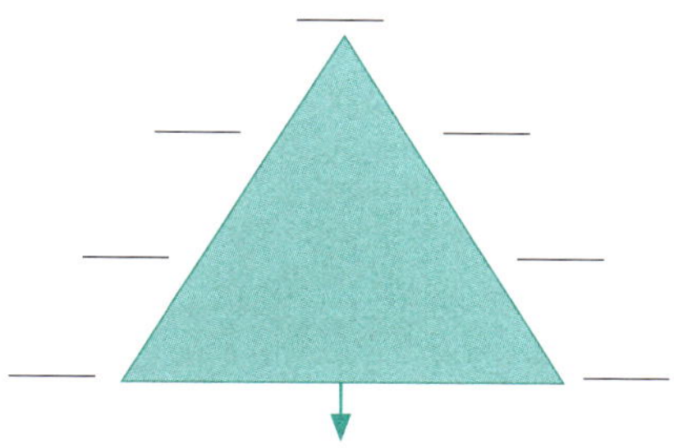

Entwicklung __________

Belastungsnormative der stumpfen und spitzen Pyramide

	stumpfe ▲	spitze ▲
Intensitätsbereich		
Wiederholungszahl		
Anzahl Serien		
Pause		

Vorbereitungsperiode

Ende Vorbereitungsperiode

Wettkampfperiode

➡ Betonung der Maximalkraft: ______________

Effekt: ______________________________

____

Circuittraining

= ______________________________

Erläuterungen der Methode:

- ______________________________

  ____
- ______________________________

  ____
- ______________________________

  ____
- ______________________________

  ____

Partnerarbeit

Überlegt euch 6 Stationen mit dem Ziel eines Ganzkörpertrainings.

Organisation:

____

____

____

____

____

Stationen:

1. ______________________________
2. ______________________________
3. ______________________________
4. ______________________________
5. ______________________________
6. ______________________________

Exkurs

Benenne und skizziere den Muskel/die Muskelgruppe und beschreibe deren jeweilige Bewegung und Funktion. Überlege dir zum entsprechenden Muskel bzw. zur Muskelgruppe eine passende Kraftübung.

!

Kennenlernen der großen Muskelpartien		
Muskel	Bewegung / Funktion	Kraftübung

Kennenlernen der großen Muskelpartien

Muskel	Bewegung / Funktion	Kraftübung

12.5.3 Schnellkrafttraining

= hohe Geschwindigkeit

= hohe Impulse

- Umsetzungstraining:

➡

Praxisbeispiel:

➡

- Geschwindigkeitsabfall:

Merke:

➡

- Pausengestaltung:

12.5.4 Kraftausdauertraining

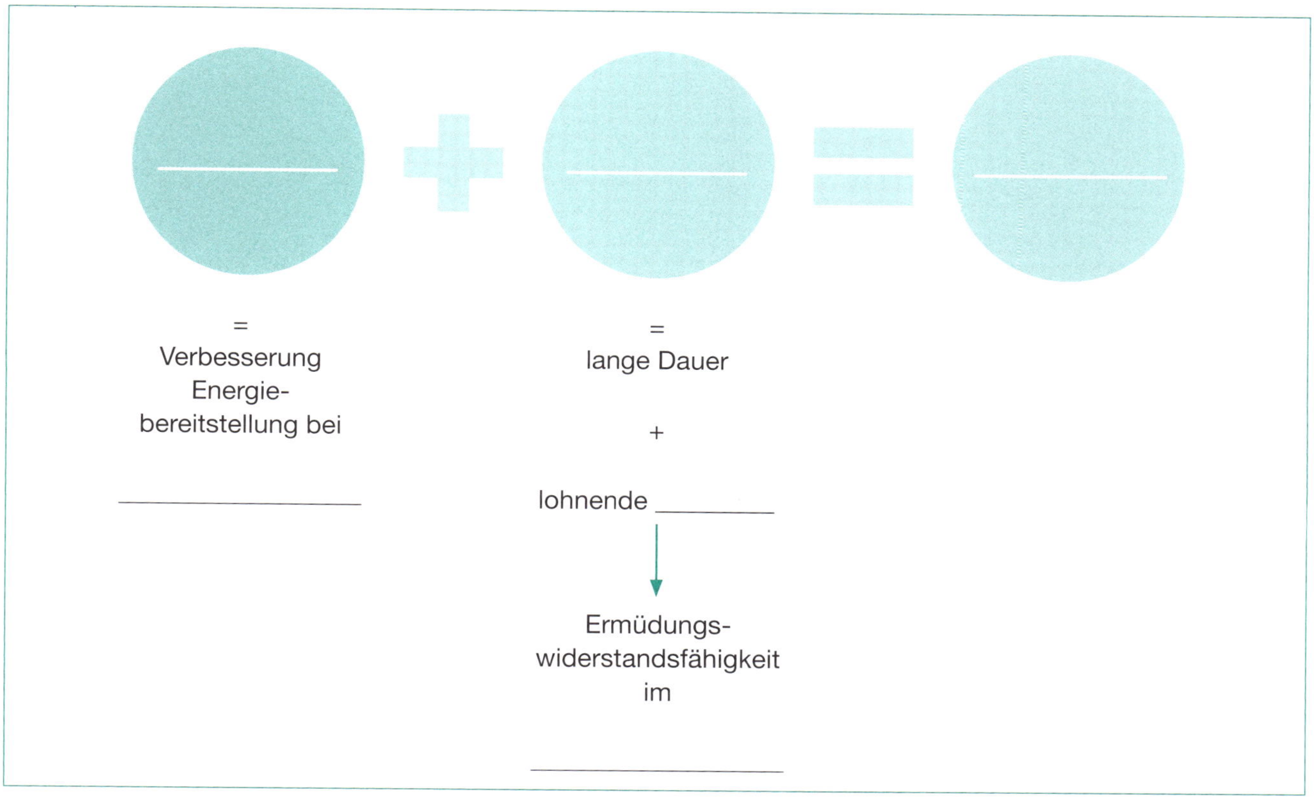

Kraftausdauer-Trainingsmethode

	Kraftausdauermethode
Arbeitsweise der Muskulatur	
Intensität	
Durchführungsgeschwindigkeit	
Anzahl Wiederholungen	
Pause	
Umfang	

12.5.5 Propriozeptives Krafttraining

Propriozeption = ____________________

Anwendungsbereiche		

Merke:

- ____________________
  ____
- ____________________

Umsetzung in der Praxis	
Materialien	• ________ • ________ • ________ • ________
Besonderheiten der Übung	________ !
Ziel	________ ➡ ________
Auswirkungen	________ ________ ________ ________ ________

12.5.6 Krafttraining nach der Borg-Skala

Wie funktioniert das Krafttraining nach der Borg-Skala?

____

____

____

____

____

Welche Vorteile hat diese Methode?

____

____

____

____

____

____

Einzelarbeit:

Welche Erscheinungsarten der Kraft werden bei den aufgeführten Sportarten in Anspruch genommen?

Sportart	Maximalkraft	Schnellkraft / Sprungkraft	Kraftausdauer	Reaktivkraft
Basketball				
Badminton				
Beach-Volleyball				
Biathlon				
Diskuswurf				
Eisschnellauf				
Eishockey				
Fußball				
Gewichtheben				
Handball				
Hochsprung				
Judo				
Karate				
Klettern				
Kugelstoßen				
Mountainbike				
Radsport				
Rudern				
Skirennen				
Skispringen				
Schwimmen				
Tennis				
Tischtennis				
Volleyball				

Überprüfe dein Wissen ?

Aufgabe 1:

a) **G:** Ordne den untenstehenden Sportarten jeweils die dominierende Kraftart zu.

b) **M:** Ordne den untenstehenden Sportarten jeweils die dominierende Kraftart zu. Begründe.

c) **E:** Ordne den untenstehenden Sportarten jeweils die dominierende Kraftart zu. Begründe. Finde zusätzlich zwei weitere Sportarten.

Bodybuilding	➜ ______________	Handball	➜ ______________
Speerwurf	➜ ______________	Klettern	➜ ______________
Tauziehen	➜ ______________	Skispringen	➜ ______________

Aufgabe 2:

a) **G:** Fülle das folgende Schaubild zur Strukturierung der Kraft aus.

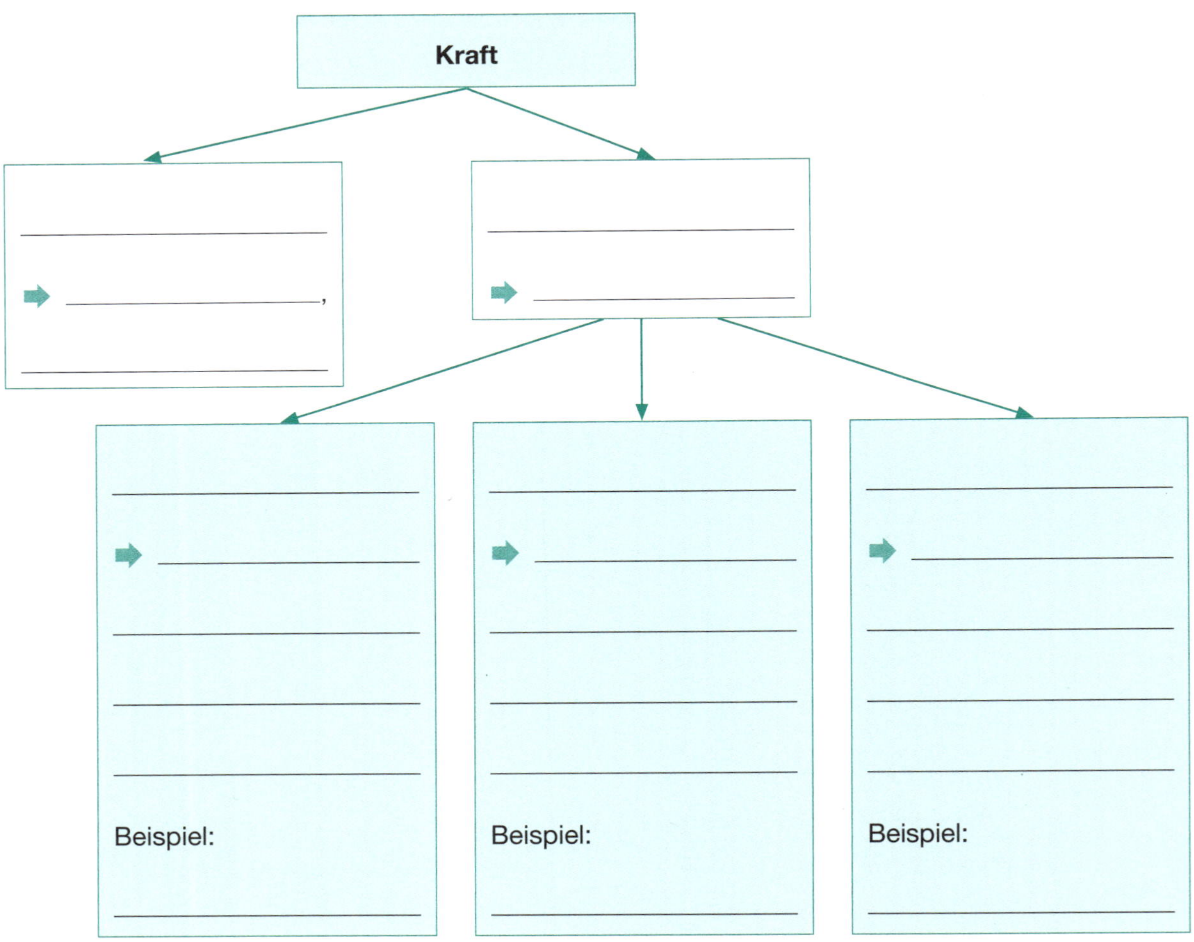

b) **M:** Versuche anhand eines beidbeinigen Sprunges die unterschiedlichen Arbeitsweisen der Muskulatur zu erklären.

Überprüfe dein Wissen ?

c) **E:** Überlege dir für die folgenden Muskeln eine Übung, bei der die Muskulatur konzentrisch und exzentrisch arbeitet.

Bizeps	Trizeps	vorderer Oberschenkelmuskel

Aufgabe 3: **G,M,E**

Auf den Bildern siehst du jeweils den Querschnitt eines Muskels mit den verschiedenen Muskelfasern. Ordne die Bilder den beiden Sportarten/Disziplinen zu und begründe deine Zuordnung.

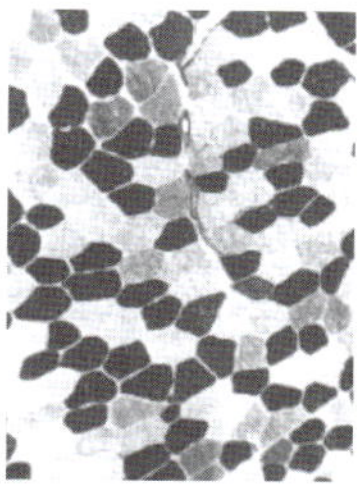

1

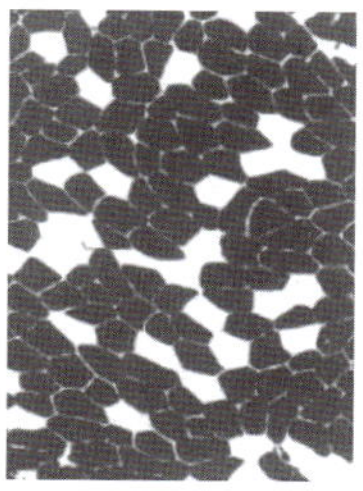

2

Marathonläufer ➡ Bild _____

Sprinter ➡ Bild _____

Begründung:

(vgl. Weineck, J.: Sportbiologie. 10. Aufl. Spitta Verlag 2010, S. 64)

Aufgabe 4:

a) **G:** Wovon ist der Anteil roter und weißer Muskelfasern abhängig?

b) **M:** Welche 2 unterschiedlichen Typen von Muskelfasern gibt es und wie funktion eren sie?

c) **E:** „Zum Sprinter wird man geboren. Zum Läufer wird man gemacht"?
Nimm Stellung dazu und erläutere aus sportbiologischer Sicht.

Aufgabe 5:

a) **G:** Ist Schlanksein ausschließlich das Resultat regelmäßigen Sports und gesunder Ernährung?

b) **M:** In einem Fitnessstudio findet wöchentlich ein Spinningkurs statt.
Hier fahren alle Teilnehmer 60 min nach derselben Pulsfrequenz.
Verbrennt jeder gleich viel Fette? Begründe.

c) **E:** „Weg mit dem Hüftspeck" – Betrachte diese Aussage aus der Perspektive der Gesundheitsförderung.

Aufgabe 6:

a) **G:** Welche Erscheinungsformen der Kraft kennst du?

b) **M:** Ein Freikletterer und ein Schwimmer unterhalten sich. Beide sind der Überzeugung, in ihrer Sportart Kraft zu benötigen.
Analysiere Gemeinsamkeiten und Unterschiede.

c) **E:** Welche kraftbestimmenden Faktoren kennst du? Welche sind trainierbar?
Welche sind nur schwer bzw. bedingt trainierbar?

Überprüfe dein Wissen ?

Aufgabe 7:

a) **G:** Kann vor einem Krafttraining auf das Aufwärmen verzichtet werden?
Wenn ja, warum? Wenn nein, warum nicht?

b) **M:** Was versteht man unter einer Muskel-Elektrostimulation?
Wann wird eine solche Trainingsmethode angewendet?
Beschreibe außerdem die Wirkungen dieses Trainings.

c) **E:** *„Qualität vor Quantität“*. Was bedeutet diese Aussage in Bezug auf das Krafttraining?
Begründe ausführlich.

Gruppenarbeit

Wählt eine der untenstehenden Aufgaben aus und bearbeitet diese innerhalb eurer Gruppe.

Aufgabe A:

Ein Bodybuilder und ein Kunstturner treffen sich im Fitnessstudio, um dort ein Krafttraining zu absolvieren.

a) Welche Kraftfähigkeit trainieren die beiden gezielt für ihre Sportart/Disziplin? Erläutert ausführlich.

b) Nach welcher Maximalkrafttrainingsmethode trainiert der Bodybuilder, nach welcher der Kunstturner? Beschreibe das Belastungsgefüge der beiden Methoden so genau wie möglich.

Aufgabe B:

In einer Basketball-Jugendmannschaft (Spieleralter:18 Jahre) soll ein spezifisches Circuittraining durchgeführt werden.

a) Welche Kraftfähigkeiten sind im Basketball wichtig? Begründe bezüglich konkreter Beispiele.

b) Welche Arbeitsweisen der Muskulatur treten im Basketball auf?

c) Erstellt ein Circuittraining mit sechs Stationen. Gebt bei jeder Station die primär beanspruchte Muskulatur an und begründe, warum diese für einen Basketballspieler wichtig ist.

Stationsübung	beanspruchte Muskulatur	➡ Wichtigkeit Basketballspieler

Überprüfe dein Wissen – Bearbeitung

Überprüfe dein Wissen – Bearbeitung

!

13 Schnelligkeitstraining

Definition:

____

____

____

Beschreibe die Definition in deinen Worten:

____

____

____

Konditionelle Fähigkeit

Koordinative Fähigkeit

Schnelligkeit

=

_______________ - _______________

Fähigkeit

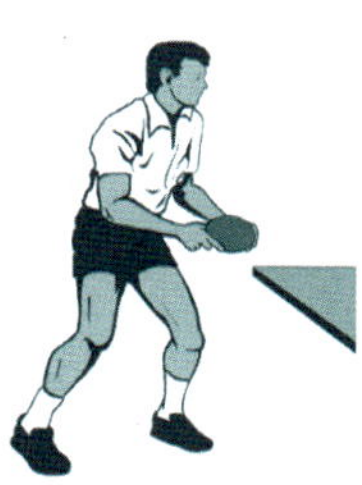

frühzeitige und geschwindigkeitsbetonte Bewegungsausführung

❑ Sieg ❑ Niederlage

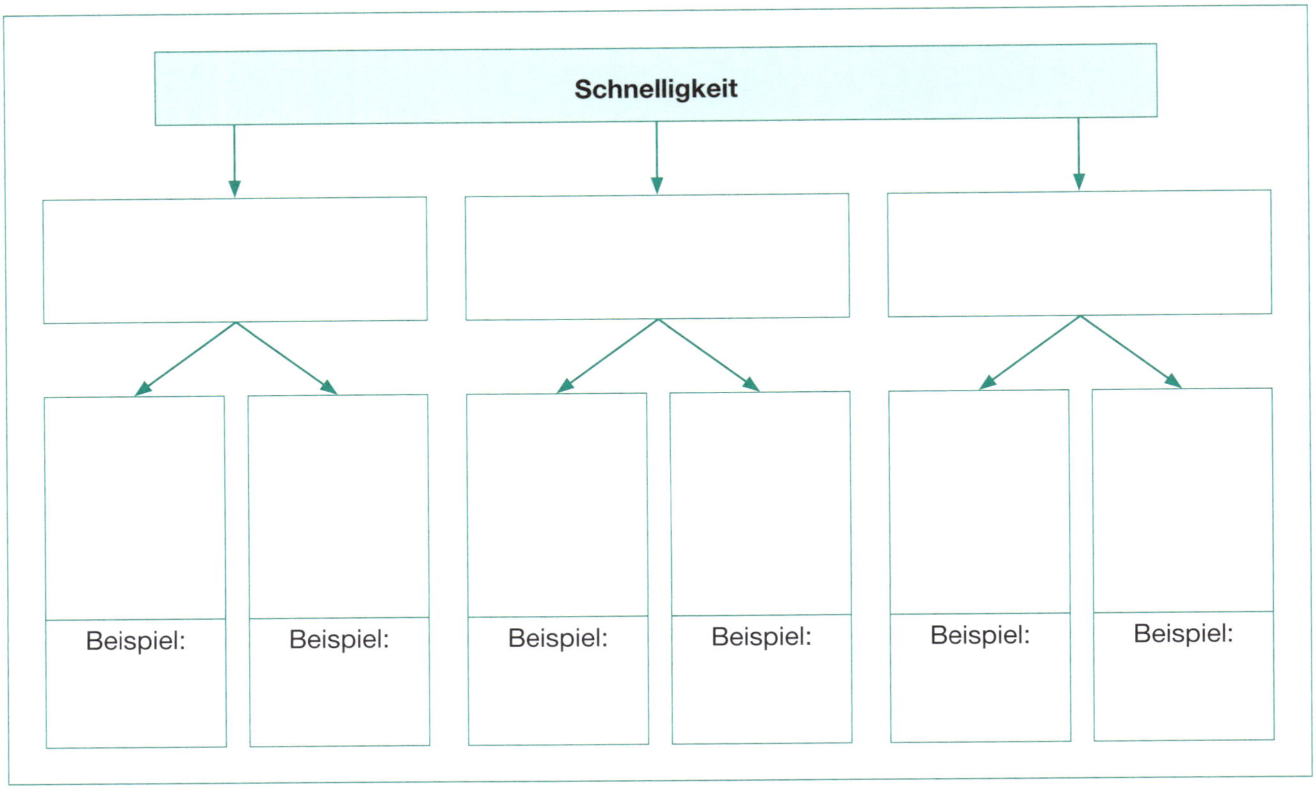

13.1 Sportbiologische Grundlagen der Schnelligkeit

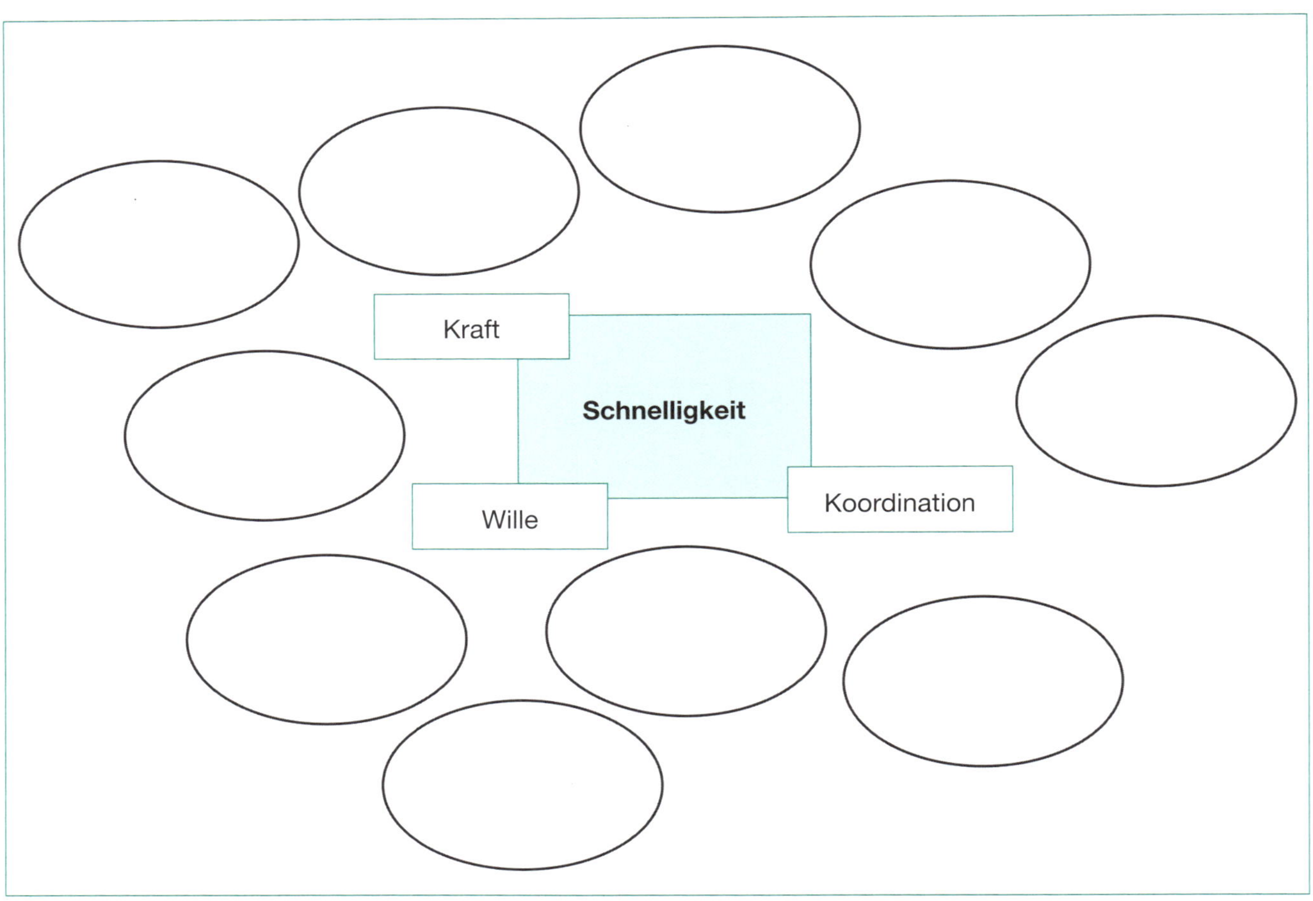

Erhöhung der Körperkerntemperatur um 2°C

Folgerung:

______________________________ vor Schnelligkeitsbelastungen!

Absinken des pH-Wertes im Blut

Folgerung:
Reines Schnelligkeitstraining benötigt

______________________________ !

13.2 Aktionsschnelligkeit (Bewegungsschnelligkeit)

13.2.1 Azyklische Aktionsschnelligkeit

Definition:

Anwendung in der Praxis:

Trainingsmethode: ______________________________

13.2.2 Zyklische Aktionsschnelligkeit

= ______________________________

Definition:

Anwendung in der Praxis:

Trainingsmethode: ______________________________

13.2.3 Antrittsschnelligkeit

Definiere in eigenen Worten:

____

____

____

____

Anwendung in der Praxis:

____

____

____

____

Leistungsbestimmender Energiespeicher:

______________________________ ➡ Begründung: ______________________________

____

____

13.3 Belastungsgefüge im Schnelligkeitstraining

Die exakte ______________ des Belastungsgefüges der ______________________________

ist für die Wirksamkeit eines ______________________________ von höchster Bedeutung.

______________	______________	______________	______________
= maximal (=______%) ≠ Training mit „______________“ = hohe ______________ der Sportler	Training nur in ______________ Zustand ➡ Einhalten von ______________ Pausen	• Orientierung an ______________ • Übungsdauer/ Streckenlänge: Geschwindigkeit darf nicht ______________!	• Orientierung an ______________ • nach jedem Sprint ➡ ______________

Methodische Forderung:

____

____

13.4 Schnelligkeitsausdauer

Definition:

Anwendung in der Praxis:

Erklärung hinsichtlich der Azidose:

Definition Azidose:

Trainingsmethode:

-
-

Biochemische Betrachtung:

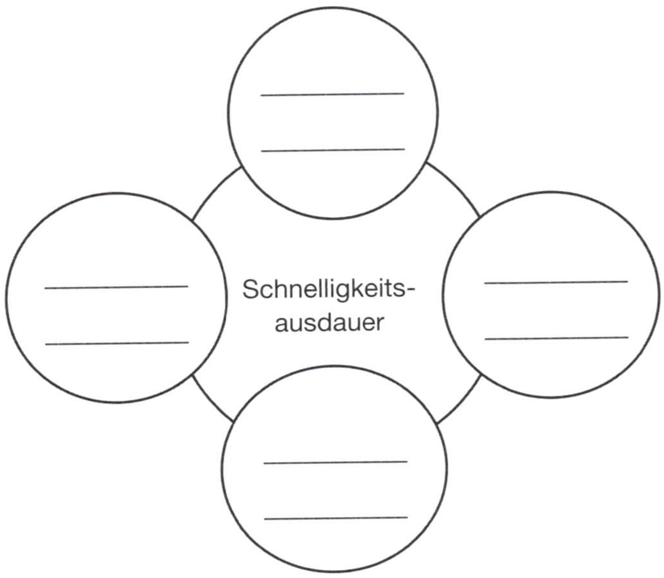

Sportler kann seine maximale Schnelligkeit über einen längeren Zeitraum aufrechterhalten.

13.5 Handlungsschnelligkeit

Definition:

Besonders in den ______ kommt es darauf an, ______ und ______ Handlungen ______ und ______ auszuführen.

Ausdruck des ______ der ______ ist die ______, die für die ______ (= ______) und die ______ Lösung der ______ benötigt wird.

Handlungsschnelligkeit

______ Lösung der Handlungsaufgabe
70 – 80% ______ Schnelligkeit

Training:

______

______

Training:

- ______
- ______
- ______
- ______

Die Qualität der Handlungsschnelligkeit wird auch wesentlich durch ______ beeinflusst.

13.6 Reaktionsschnelligkeit

Definition:

____

____

____

Verbesserung der Reaktionsschnelligkeit

➡ ____________________ der motorischen Programme

Das heißt:

____

____

____

Einfachreaktionen

- Beispiele:

  ____

  ____

  ____

- Es wird eine ____________________ ____________________ vom Athleten verlangt.
- benötigt **wenig** Zeit zur Ausführung
- **geringe** Verbesserung möglich

↔

Auswahlreaktionen

- Beispiele:

  ____

  ____

  ____

  = ______________________________

  ____

  ____

- benötigt **mehr** Zeit zur Ausführung
- **starke** Verbesserung möglich

Reaktion auf ____________________ Reize ist langsamer als die auf ____________________ Reize.

➡ Folgerungen für die Praxis:

____

____

____

13.7 Training der Schnelligkeit

Wiederholungsmethode

= ______________________________ Trainingsmethode für das Schnelligkeitstraining

Ablauf:

______________________________ ______________________________ ______________________________	→	______________________________

Wirkungen:

- Zunahme der ______________________________
- Zunahme der ______________________________

13.8 Schnelligkeitstraining im Kindes- und Jugendalter

Vielseitiges Schnelligkeitstraining bewirkt positive ______________________________ Anpassungen.

Praxis (konkret):

- ______________________________
- ______________________________

} ______________________________ muss richtig gewählt werden!

↓

Merke:

- ______________________________
- ______________________________
- ______________________________

Überprüfe dein Wissen

?

Aufgabe 1:

a) **G:** In welche Arten unterteilt sich die Schnelligkeit?

b) **M:** In welche Arten unterteilt sich die Schnelligkeit? Welche Arten der Schnelligkeit benötigt ein Badmintonspieler, welche ein 100 m-Sprinter?
Begründe.

c) **E:** Erläutere die Arten der Schnelligkeit hinsichtlich konkreter und passender Beispiele aus der Praxis.

Aufgabe 2:

a) **G:** Zähle die schnelligkeitsbestimmenden Faktoren auf.

b) **M:** Nenne die schnelligkeitsbestimmenden Faktoren. Begründe, welche davon durch Training zu beeinflussen sind.

c) **E:** „Zum Sprinter wird man geboren."
Nimm dazu Stellung und erläutere den Bezug zu den schnelligkeitsbestimmenden Faktoren.

Aufgabe 3:

a) **G:** Ein Trainer einer Mannschaftssportart lässt ein Schnelligkeitstraining mit 75%-iger Intensität durchführen. Wie beurteilst du diese Trainingsmethodik?

b) **M:** Ein Trainer eines Leichtathleten setzt am Folgetag eines Wettkampfes ein Schnelligkeitstraining auf den Trainingsplan. Wie beurteilst du diese Trainingsmethodik?

c) **E:** Ein Sportler trainiert nach der Wiederholungsmethode. Nach jedem Sprint gönnt er sich eine lohnende Pause. Wie beurteilst du diese Trainingsmethodik?

Aufgabe 4:

a) **G:** Welche konditionelle Fähigkeit ist beim 400m-Lauf leistungsbestimmend? Definiere.

b) **M:** Begründe, warum vor allem bei Fußballspielern die Schnelligkeitsausdauer leistungsbestimmend ist.
Wo liegen die Besonderheiten dieser konditionellen Fähigkeit?
Wie kann diese trainiert werden?

c) **E:** Was passiert im Körper bei einem 400m-Hürdenlauf? Welche Herausforderung stellt dies an den Sportler?

Aufgabe 5:

a) **G:** Warum kommt der Handlungsschnelligkeit gerade in Sportspielen eine große Bedeutung zu?

b) **M:** Wo sollte ein Trainer eines Bundeslegisten einer Mannschaftssportart neben der motorischen Komponente im Training außerdem seine Schwerpunkte setzen?

c) **E:** „Der Erfolg setzt ungeahnte körperliche und geistige Kräfte frei."
Nimm Stellung dazu und gehe auf den gegensätzlichen emotionalen Zustand – den möglichen Auswirkungen von **Misserfolg** ein.

Überprüfe dein Wissen

?

Aufgabe 6:

a) **G:** In einem Fußballspiel hört man des Öfteren Zurufe wie „Hintermann!“ oder sieht einen Spieler, der die Hand hebt, um seinem Mitspieler dadurch ein Zeichen zu übermitteln. Nimm dazu Stellung und beurteile die verschiedenen Methoden.

b) **M:** Worin liegt der Unterschied von Einfach- und Auswahlreaktionen? Gehe außerdem auf deren Reaktionszeiten ein.

c) **E:** Wie kann die Reaktionsschnelligkeit verbessert werden? Erläutere ausführlich.

Aufgabe 7:

a) **G:** Wie wird Schnelligkeit ganz konkret trainiert?

b) **M:** Worin liegt der Unterschied eines Schnelligkeitstrainings im Kindes- und Jugendalter gegenüber eines Erwachsenen?

c) **E:** Die Voraussetzung für Schnelligkeitsleistung bei Kindern und Jugendlichen ist vor allem die koordinativ beherrschte Zielübung.
Was bedeutet dies konkret für das Schnelligkeitstraining von Kindern und Jugendlichen?

Überprüfe dein Wissen – Bearbeitung

!

Überprüfe dein Wissen – Bearbeitung

14 Beweglichkeitstraining und Dehnung

In welchen Sportarten / Disziplinen ist die Beweglichkeit deiner Meinung nach leistungsdeterminierend?

______________________ Begründung: ______________________

______________________ Begründung: ______________________

______________________ Begründung: ______________________

______________________ Begründung: ______________________

______________________ Begründung: ______________________

Definition:

____

____

Beweglichkeit und sportliche Technik

Merke:

____

____

____

Von Sportart zu Sportart gibt es große Unterschiede.

➡ Beispiel:

______________________ ⟷ ______________________

14.1 Was ist eine „normale" Beweglichkeit?

Einflussfaktoren auf die Beweglichkeit:

- ______________________
- ______________________
- ______________________
- ______________________

- ______
- ______
- ______
- ______
- ______
- ______
- ______

	Orientierungsnormen	Erklärung	Beispiele
schlechte Beweglichkeit	______ ______	______ ______	______ ______
↕	______ ______	______ ______	______ ______
	______ ______ (ca. ______% der Bevölkerung)	______ ______	______ ______
sehr gute Beweglichkeit	______ ______ (ca. ______% der Bevölkerung)	______ ______	______ ______

Je höher die ______ (=______) ist, desto mehr muss sich seine ______ im Übergangsbereich von der ______ zur ______ bewegen.

➡ Dies trifft auf

______ ______ ______

______ ______

für die ____________ allgemein oder die Schultergelenke des Wurf- bzw. Schlagarmes bzw. beim Handballtorwart für seine ____________ zu. Für eine ____________ kommt es auch auf die ____________ an.

Was bedeutet „Torsion“?

____

____

➡ Bezug zur Wirbelsäule:

____

____

zu geringe Beweglichkeit ⟷ zu ____________ Beweglichkeit

↓ *negative Auswirkungen*

____

____

____

____

____

____

Jede ____________ stellt eigene ____________ an die Beweglichkeit ihrer Sportler.

➡ Häufige Orientierung: ____________

14.2 Wirkungen von Dehnmethoden

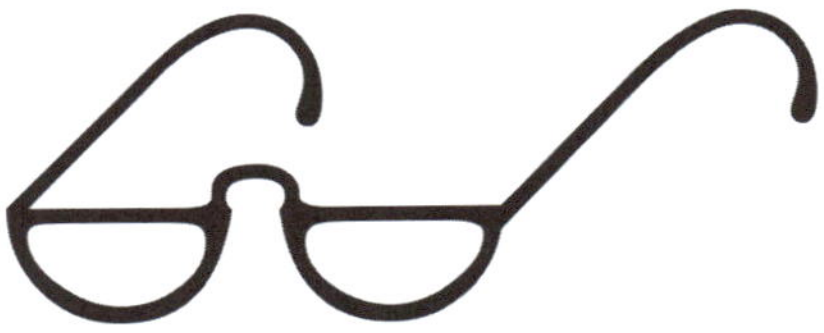

Zielsetzung | Sportler | Sportart | Leistungsstand

Auswahl der ____________________

____________ dehnen ⟷ ____________ dehnen

Dehndauer: ____________	Dehndauer: ____________
Wirkung: ____________	Wirkung: ____________
Dehnen vor dem Sport: ____________	Beispiel Badminton: ____________

14.2.1 Ruhespannung und Muskellänge

Was passiert beim Dehnen im Muskel?

14.2.2 Maximalkraft und Schnellkraft

Warum wurde in den letzten Jahren vom Dehnen hinsichtlich der Auswirkungen auf die Maximalkraft und Schnellkraft abgeraten?

↕

Erkenntnisse neuer Studien:

- ✓
- ✓
- ✓
- ✓

Praxis: Hochspringer

Dehnen —X→ Anlauf

Speerwerfer

Dehnen —X→ Wurf

Dehnen → Aktivierungsphase

= ______________________

Beispiele:

____

= ______

Übungen

Wirkung:

____

____

____

14.2.3 Dehnen und Muskeltonus

Muskeltonus

=

Der Muskeltonus beschreibt den ______________________ des Muskels.

Er besteht aus 2 Komponenten:

1. ______________________

Erklärung: ______________________

____

____

____

2. ______________________

Erklärung: ______________________

____

____

____

Einflussfaktoren auf den Muskeltonus

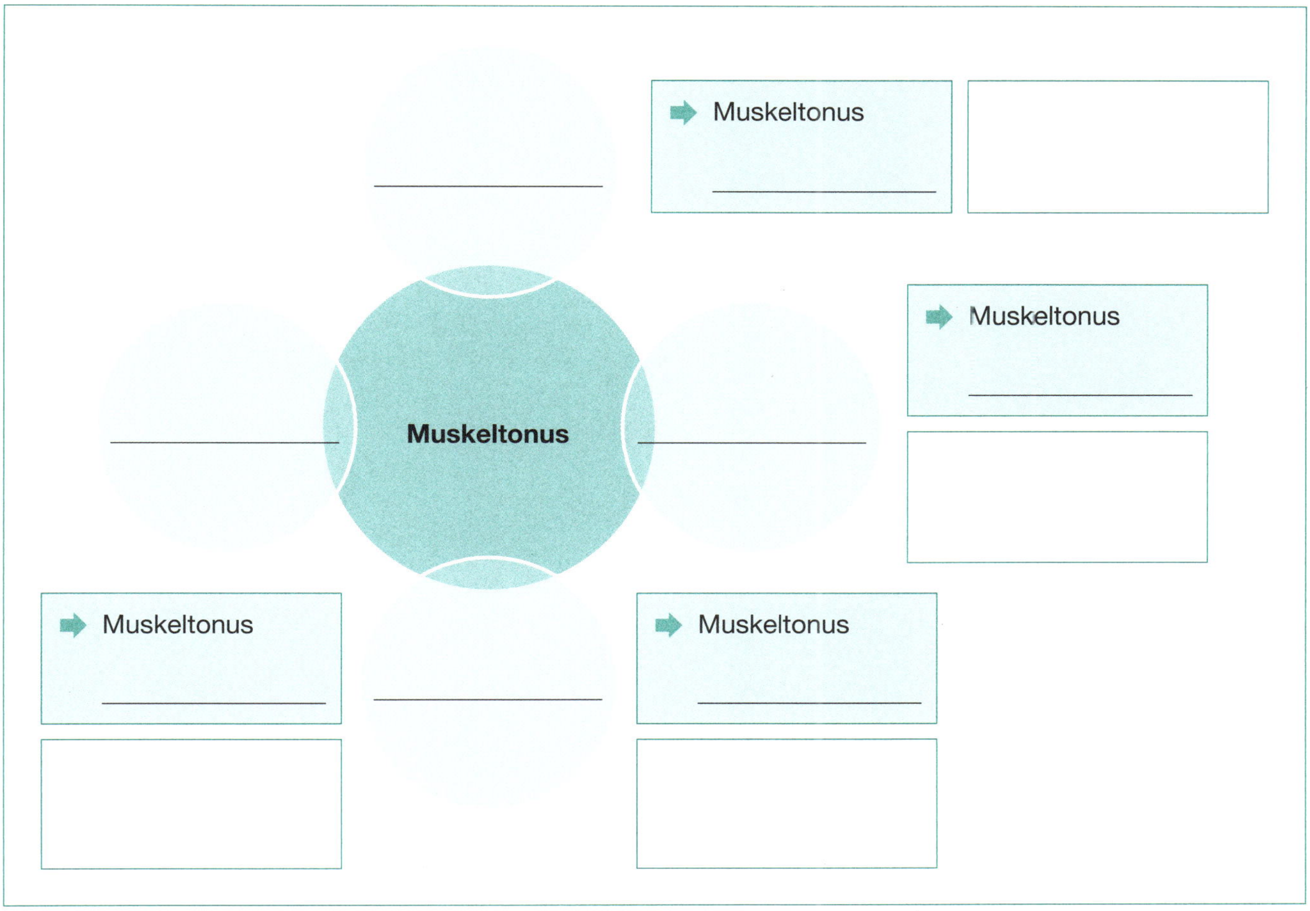

Kann Dehnung den Muskeltonus beeinflussen?

____

____

____

Wirkung von Dehnung auf die Reduzierung des Muskeltonus

Nach Verletzungen wird durch ____________ die übermäßige Einlagerung von Bindegewebe in die Muskulatur ____________, Narben ____________ und die ____________ erhalten.

14.2.4 Verletzungsvorbeugung

➡ Dehnen beugt Verletzungen vor**?!**

Erkenntnisse:

FRÜHER	HEUTE

Fazit:

➡ Dehnen beugt Muskelkater vor**?!**

Überprüfe dein Wissen

?

Aufgabe 1:

a) **G:** Definiere Beweglichkeit.
Nenne Sportarten, in denen diese konditionelle Fähigkeit leistungsbestimmend ist.

b) **M:** Wie lässt sich der Stellenwert der Beweglichkeit im Sport definieren?

c) **E:** Wie äußert sich eine eingeschränkte Beweglichkeit im Schultergelenk beim Schwimmen?
Erläutere ausführlich.

Aufgabe 2:

a) **G:** Warum gelingen Elemente, die eine hohe Beweglichkeit voraussetzen, im Wettkampf besser?
Recherchiere und begründe anschließend.

b) **M:** Woraus kann eine zu große Beweglichkeit resultieren? Erläutere und erkläre deren Auswirkungen.

c) **E:** Analysiere die Technik eines Handballspielers anhand der Torsionsmöglichkeit seiner Wirbelsäule.

Aufgabe 3:

a) **G:** Worin liegt der Unterschied vom Langzeit- und Kurzzeitdehnen?

b) **M:** Worin liegt der Unterschied vom Langzeit- und Kurzzeitdehnen?
Unterlege deine Beschreibungen mit Beispielen aus der Praxis.

c) **E:** **Dehnen vor einer sportlichen Belastung**
vs
Dehnen – Rhythmische Sportgymnastik
} Erläutere!

Aufgabe 4:

a) **G:** Was wird unter „tonisierende Übungen“ verstanden? Überlege dir verschiedene Übungen.

b) **M:** Worin liegt das Dilemma hinsichtlich der Auswirkungen des Dehnens auf die Maximal- und Schnellkraft?

c) **E:** Wie wird das Dehnen in die Praxis integriert?
Beschreibe einen sinnvollen und effektiven Ablauf.

Aufgabe 5:

a) **G,M:** Definiere „Muskeltonus“.

b) **E:**
- Welche Skelettmuskeln verfügen über eine bestimmte Ruhespannung?
Erläutere ausführlich die Funktion der Ruhespannung in den von dir genannten Muskeln.
- Wirkt sich der Muskeltonus auf die maximale Gelenkbeweglichkeit aus?

Aufgabe 6:

a) **G:** Beugt Dehnen Verletzungen vor?

b) **M:** Beugt Dehnen Verletzungen vor? Beschreibe die unterschiedlichen Erkenntnisse.

c) **E:** Kann durch Dehnen nach einer Belastung Muskelkater verhindert bzw. reduziert werden?
Erläutere ausführlich.

Überprüfe dein Wissen – Bearbeitung

14.3 Dehnmethoden

Stundenverlauf – Unterschiedliche **Zielsetzungen** von Dehnungsübungen

Zeitpunkt Trainingseinheit	Zielsetzung der Dehnungsübungen
______ ______	______ ______ ______
______ ______	______ ______
______ ______	______ ______

3. Statisches Dehnen

Statisches Dehnen mit ______ Dauer (______ Sekunden)	↔	Statisches Dehnen mit ______ Dauer (______ Sekunden)

=

______

______

______

4. Dynamisches Dehnen

Dynamisches Dehnen eignet sich zur ______ auf ______. Beispiel: ______	In der Praxis: • ______ • ______ • ______

=

______
______
______

5. Anspannen – Entspannen – Dehnen

Muskel wird ______ (=______) kontrahiert.

Anspannung = ______ (ca. ______ Sekunden)

➡ Muskel wird ______, Dehnposition eingenommen und die zuvor isometrisch angespannte Muskulatur ______.

= Variation ______

➡ ______

➡ ______

6. Agonistische Kontraktion und Dehnen = ______________________ Dehnen

____

____

____

Funktion:

- ____
- ____
  - ➡ ____
- ____
  - ➡ ____

7. Anspannen – Entspannen – Agonistische Kontraktion und Dehnen

= __________ - ______________ Dehnen

Aktives Dehnen + ______________________

Sportler ______________ zuerst die ______________________ Mukulatur an.

Intensität: ______________

Dauer: __________ Sekunden

→ ______________ ______________ → ______________ ______________

Ob und nach welcher Methode man dehnt, hängt von drei Faktoren ab:

1. ____

2. ____

3. ____

Praxisempfehlung zum Dehnen (nach Klee; 2013)

- ✓ Sportarten mit maximaler Beweglichkeit:

  ___

  Beispielsportarten: ___

- ✓ Sportarten mit schnellkräftigen Bewegungen:

  ___

  bei Leistungseinbußen ➡ ___

  Beispielsportarten: ___

- ✓ Sportarten **ohne** maximale Beweglichkeit / schnellkräftige Bewegungen:

  ___

  Beispielsportarten: ___

- ✓ Nach einer Belastung:

  ___

- ✓ Langzeitdehnen:

  ___

  ___

- ✓ Sportarten mit einseitigen Belastungen:

  ___

  Beispielsportarten: ___

- ✓ Aufwärmen:

  ___

Die verschiedenen Dehnungsmethoden und ihre praktische Anwendung und Eignung

Ziel / Dehnmethode	Aufwärmen (Vorbereitung)	Hauptteil (langfristiges Training)	Cool Down (Regeneration)
Statisches Dehnen			
Dynamisches Dehnen			
Anspannen-Ent-spannen-Dehnen			
Agonistische Kontraktion und Dehnen			
Anspannen – Entspannen – Agonistische Kontraktion und Dehnen			

14.4 Faszientraining

Fasziengewebe

=

ca. ________% des gesamten menschlichen Gewebes

≠

________________________ Gewebe

↓

Faszien

=

reichlich innerviert
(enthalten verschiedene Typen

sensorischer ____________________)

↓

Faszienhüllen
sind am Schmerzempfinden des

______________________ beteiligt.

↓

Faszien

reagieren auf ________ und passen

sich an ____________________ an.

Fasziengewebe

___________________________,

wenn es nicht gefordert wird.

↓

Körperliche Passivität

➡ ______________________

➡ ______________________

Beeinträchtigung der Muskelarbeit:

Gründe:

- ______________________
- ______________________
- ______________________

Ziele und Wirkungen des BlackRoll-Trainings

Ziele	Wirkungen
____________	____________
____________	____________
____________	____________
____________	____________

- Die Zellen werden zur ____________ von neuem ____________ angeregt.
- Fasziengewebe reagiert auf Training ____________ als die ____________
- Anpassung bei Faszien dauert etwas ____________.
- Sie können ihre natürliche ____________ wieder zurückgewinnen.

Recherchiere im Internet folgende Bilder und skizziere sie!

!

Natürliche Wellenstruktur des Fasziengewebes	„Verfilztes" Fasziengewebe

BlackRoll-Übungen

Wie funktioniert ein BlackRoll-Training?

____

____

____

Funktion:

____

____

____

Warum wird ein BlackRoll-Training häufig nach sportlichen Belastungen angewendet?

____

____

____

Überprüfe dein Wissen ?

Aufgabe 1:

a) **G:** Welche Dehnungsmethoden kennst du? Wozu eignen sich diese im Besonderen?

b) **M:** Man kann zu Beginn, im Hauptteil oder zum Ende einer Trainingseinheit dehnen. Welche Ziele werden jeweils damit verfolgt?

c) **E:** Welche praktischen Empfehlungen sind dir im Zusammenhang mit dem Dehnen bekannt? Erläutere sie ausführlich.

Aufgabe 2:

a) **G:** Welche Ziele verfolgt das Faszientraining? Benenne sie.

b) **M:** „Wer sich nicht bewegt, verklebt!“ – Wie ist das zu verstehen?

c) **E:** Warum sind die Faszien für Sportler so wichtig? Gehe in deinen Erläuterungen auch auf das biologische Prinzip „Use it or lose it“ ein.

Überprüfe dein Wissen – Bearbeitung

Überprüfe dein Wissen – Bearbeitung

15 Zum Anforderungsprofil von Sportarten

Wenn man Training und Leistungsentwicklung optimal steuern möchte, bedeutet dies, dass man Informationen und Kenntnisse

1. über ____

____

2. über ____________________________________ sowie
3. des ____

____

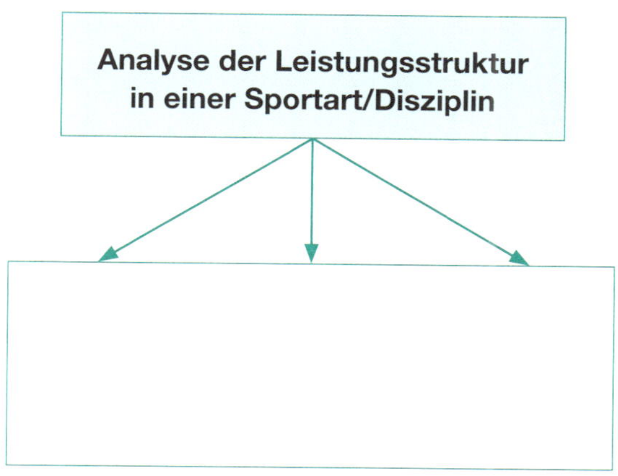

Versuche die unten aufgeführten Sportarten/Disziplinen in die Grafik einzuordnen:

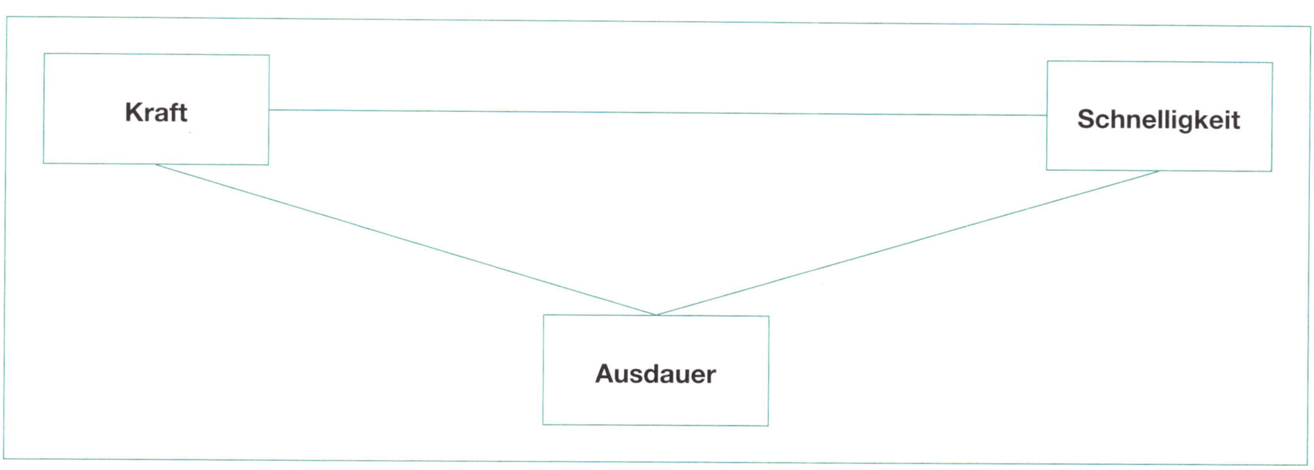

- Gewichtheben
- Werfen
- Weitsprung
- 100-m-Lauf
- Schwimmen (Kurzstrecke)
- 800-m-Lauf
- Eishockey
- Ski-Abfahrt
- Fußball
- Rudern
- 3000-m-Lauf
- Skilanglauf
- Marathonlauf
- Tour de France

Überprüfe dein Wissen

?

Aufgabe 1:

a) **G:** Beschreibe deinem Lernpartner, wie in deiner Sportart/Disziplin trainiert wird, und wo der Schwerpunkt liegt.

b) **M:** Suche Sportarten/Disziplinen, von denen du denkst, dass sie in erster Linie
   a) konditionelle Trainingsschwerpunkte haben
   b) koordinative Trainingsschwerpunkte haben und
   c) gemischte Trainingsschwerpunkte haben

c) **E:** Erstelle ähnlich wie bei dem TT-Beispiel ein möglichst präzises Anforderungsprofil einer dir bekannten Sportart/Disziplin. Begründe, wo der/bzw. die Trainingsschwerpunkte liegen.

Aufgabe 2: **G,M,E**

Wenn mehr oder weniger alle Spitzensportler ähnlich im koordinativen und konditionellen Bereich trainieren, womit könnten dann noch Unterschiede in der Leistungsfähigkeit erklärt werden?

Aufgabe 3: **G,M,E**

Besucht mit eurem Lernpartner das Training eines höherklassig spielenden Vereins aus einer Spielsportart (Handball Basketball, Tischtennis, Volleyball, Fußball, Eishockey, Hockey, ...) eurer Wahl.

Macht Notizen zum Trainingsablauf. Besprecht hinterher zusammen, wo der / die Trainingsschwerpunkte lagen.

Entsprachen sie euren Erwartungen für diese Sportart?

Wenn nein, woran könnte dies liegen?

Überprüfe dein Wissen – Bearbeitung

Aufgabe 3 – Notizen

16 Leistung und Leistungsbeurteilung im Sport

______________________ und ______________________
sind untrennbar miteinander verbunden.

____
ist ein wesentliches Merkmal des modernen Sports.

______________________ + ______________________
spielen im Sport eine besondere Rolle

16.1 Leistungsmessung

Ergänze Beispiele zu Bewegungszielen im Sport

Bewegungsziel	Beispielsportart /Disziplin
Trefferorientierung	
Schwierigkeits-optimierung	
Zeitoptimierung	
Distanzoptimierung	
Verlaufsoptimierung	

Sportarten wie Eiskunstlauf, Standard- und Lateintänze, Bodenturnen, Rhythmische Sportgymnastik

benötigen einen ______________________

16.2 Praxisbeispiel: Leistungsmessung in der Sportmedizin

Bei einem 10.000-m-Lauf dominiert die ______________________

Bei einem Handballspiel dominiert die ______________________

Qualitative Aspekte der körperlichen Leistungsfähigkeit

Quantitative Aspekte der körperlichen Leistungsfähigkeit

Unter körperlicher Leistungsfähigkeit ______________________

____

______________________ erbringen sind.

16.3 Die sportmedizinische Messung der körperlichen Leistungsfähigkeit

Die sportmedizinische Leistungsdiagnostik basiert auf ______________________

während einer ______________________ .

Ergometrie dient

1. ______________________________

2. ______________________________

Am häufigsten wird die ______________________________.

Dabei wird die Leistung in ______________________________ gemessen.

Unter Ergometrien versteht man Verfahren, die ______________________________

______________________________ während körperlicher Belastung zum Ziel haben.

Messgrößen der Ergometrie sind:

1. ______________________________

2. ______________________________

3. ______________________________

4. ______________________________

5. ______________________________

Ergänze die **Belastungsverfahren**

sportartunspezifisch Labortests	______________________________ ______________________________ ______________________________
sportartspezifisch Labortests Feldtests	______________________________ ______________________________ ______________________________ ______________________________

Die gebräuchlichste Methode der Leistungsbeurteilung und Gesundheitsbeurteilung ist heute die

____

Der Verlauf einer Ergometrie wird durch 6 Faktoren bestimmt:

1.
2.
3.
4.
5.
6.

Spiroergometrie ist die Messung der ______________________________

Aus dem Ohrläppchen kann Kapillarblut entnommen werden, welches das Stoffwechselprodukt

______________________________ enthält.

Überprüfe dein Wissen ?

Aufgabe 1:

a) **G:** Wie lautete die zentrale Sinnrichtung des Sports geschichtlich betrachtet?

b) **M:** Welche Parallelen gibt es zwischen dem Leistungssport und der Leistungsgesellschaft?

c) **E:** Kann man Prinzipien des Leistungssports bedenkenlos auf die Gesellschaft übertragen? Erörtert das Problem mit euren Lernpartnern.

Aufgabe 2: **G,M,E**

Viele Menschen lehnen den Leistungssport ab, argumentieren mit Dopingproblemen, Korruption und Fixierung auf Geld. Versuche Argumente „Pro“ und „Contra“ zu finden und diskutiere diese Problematik mit deinen Lernpartnern.

Aufgabe 3: **G,M,E**

Geht auf die Homepage von „hawkeye“ und versucht, euch dort so genau wie möglich über dieses System zu informieren. Im Fußball wird immer wieder über den „Videobeweis“ diskutiert. Den gibt es z.B. schon im Hockey. Findet Argumente „Pro“ und „Contra“ für die Einführung dieses Systems und diskutiert über diese Problematik.

Aufgabe 4: **G,M,E**

Geht auf die Homepage der Sportmedizin der Universität Tübingen:
http://www.medizin.uni-tuebingen.de/sportmedizin → Klinik → Funktionsdiagnostik
Informiert euch dort über die drei Bereiche „Laktat-Leistungsdiagnostik", „Spiroergometrie“ und „Leistungsdiagnostik MTB“.

Überprüfe dein Wissen – Bearbeitung

Überprüfe dein Wissen – Bearbeitung

17 Lernen und Bewegung

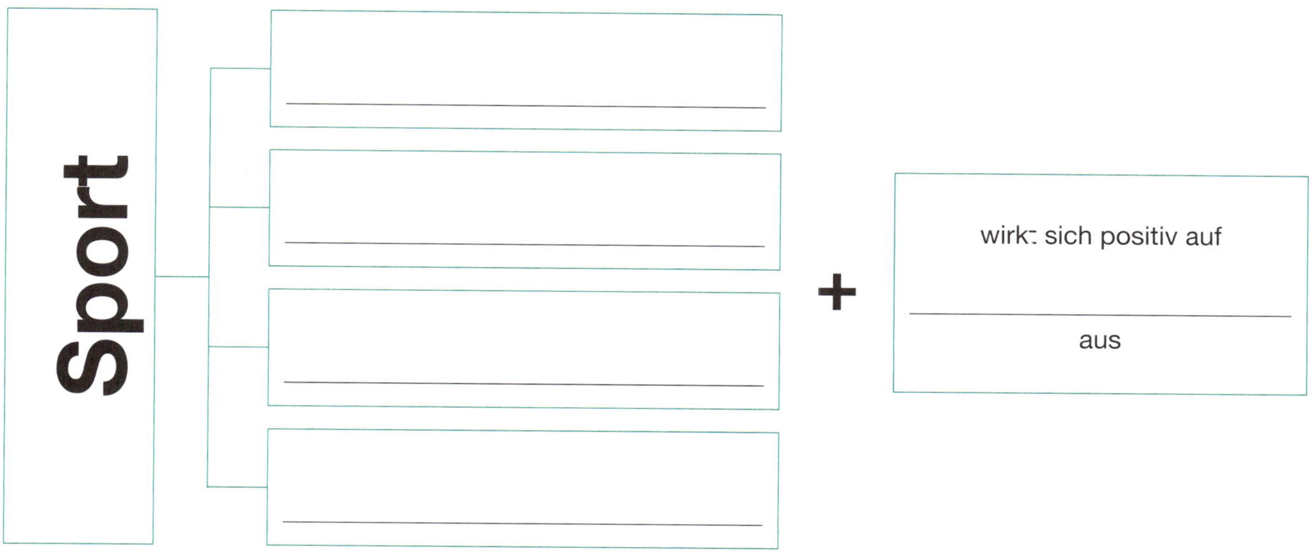

Merke:

Sport hat ______________ auf die ______________. Er ist ______________ dafür, dass das Gehirn sein ______________ voll ______________ kann.

Koordinationsübungen

➡ begünstigen ______________

➡ fördern ______________

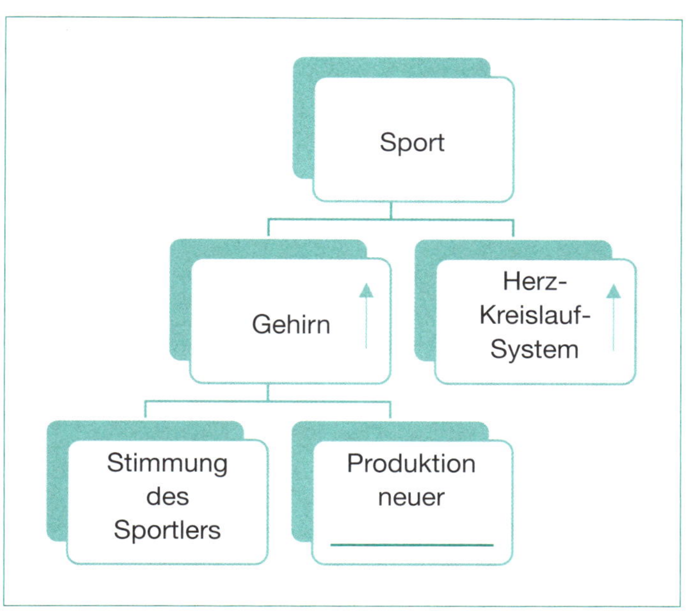

Sportliche Belastungen von

______________ Intensität

➡ ______________

Merke:

Sport verbessert das ______________________________ .

Exekutive Funktionen

Partnerarbeit:

Recherchiert folgende Fragen.

- Was sind exekutive Funktionen?

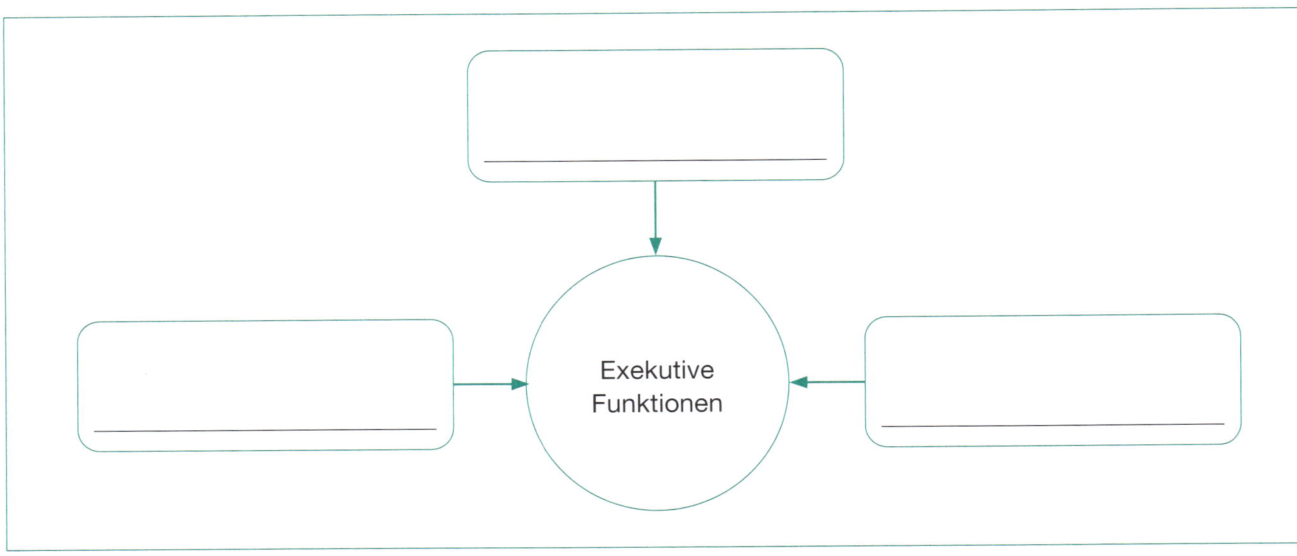

- Wie können exekutive Funktionen trainiert werden?

____

____

____

____

____

- Welche Auswirkungen haben exekutive Funktionen?

____

____

____

____

____

Überprüfe dein Wissen

?

Aufgabe 1:

a) **G:** Welche Auswirkungen hat Sport auf den menschlichen Körper?
b) **M:** Warum ist für die Tätigkeit eines Schiedsrichters das Aufwärmen förderlich?
c) **E:** Worin lag lange Zeit der Irrglaube hinsichtlich der Thematik „Lernen und Bewegung“? Begründe mithilfe heutiger Erkenntnisse.

Aufgabe 2: **G,M,E**

Warum begünstigen/fördern Koordinationsübungen das Lernen?

Aufgabe 3:

Partnerarbeit:

Überlegt euch eine Spielform für den Sportunterricht, in der die **exekutiven Funktionen** gezielt geschult werden.

Name des Spiels	
Anzahl der Spieler/ Mannschaften	
Spielfeld/ Spielgeräte	
Beschreibung **und** Ziel des Spiels	
Regeln	

Überprüfe dein Wissen – Bearbeitung

18 Bewegungslehre

Im Zentrum der Bewegungslehre steht ____________________

____

18.1 Was ist Bewegung?

Mechanisch betrachtet ist ____________________

____

Bei einem Freistoß im Fußball muss der Schütze:

- ____________________
- ____________________
- ____________________
- ____________________

Eine Bewegung im Sport ist eine ____________________

____________________ Umgebung. Eine

Bewegung im Sport ____________________

____________________ Prozess.

18.2 Der Magnus Effekt

Der Magnus-Effekt im Sport beschäftigt sich mit dem ____________________

bzw. der ____________________ von Bällen.

Bei der Mauerüberwindung beim Fußball muss der Schütze:

1. ____________________
2. ____________________
3. ____________________

18.3 Zur Analyse sportlicher Bewegungen

In der Bewegungsanalyse werden

18.4 Die biomechanische Bewegungsanalyse

Die Biomechanik des Sports ist die wissenschaftliche Disziplin, welche

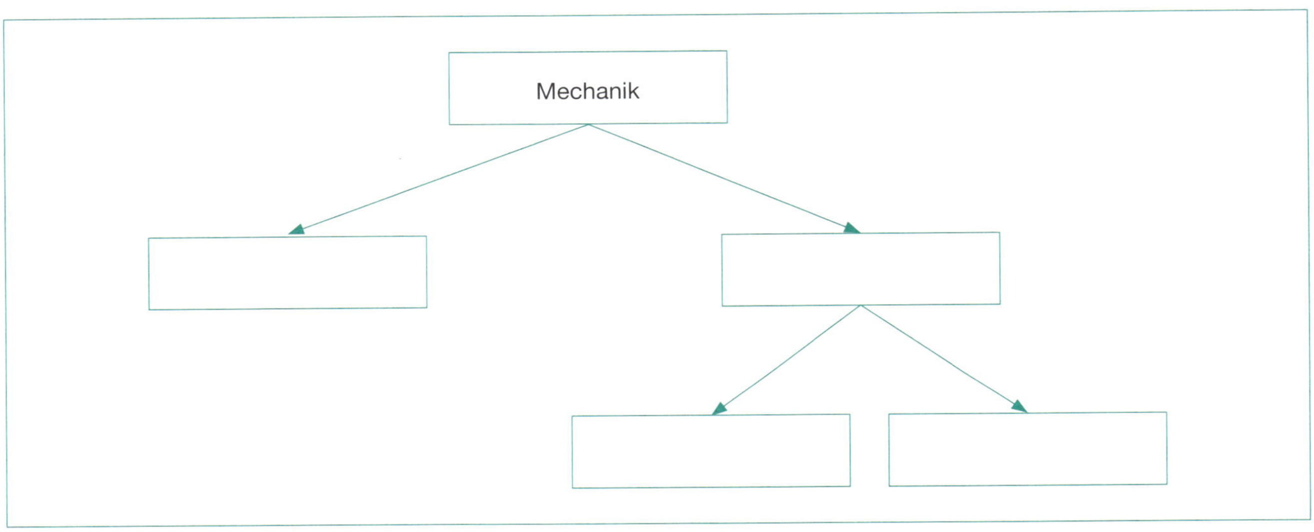

- **Dynamik:**
- **Kinematik:**
- **Statik:**
- **Kinetik:**

Ziele der Biomechanik im Sport

1. ______________________________

2. ______________________________

3. ______________________________

Die drei übergeordneten Ziele der Biomechanik lauten:

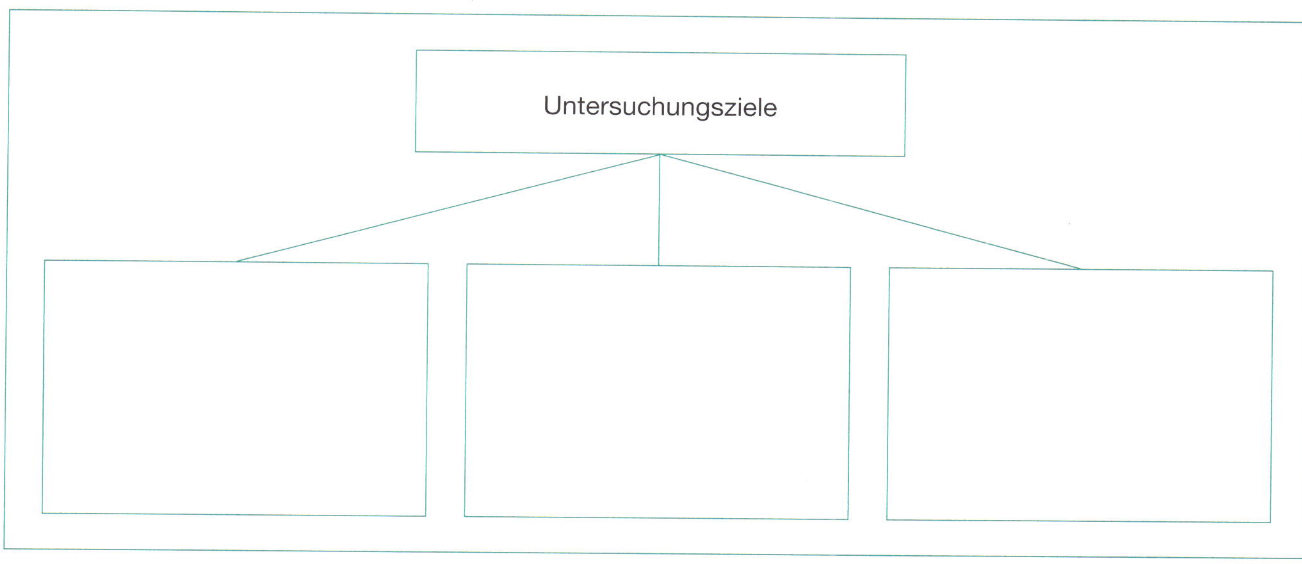

18.5 Die biomechanischen Prinzipien

Hochmuth formuliert 6 biomechanische Prinzipien:

1. ______________________________
2. ______________________________
3. ______________________________
4. ______________________________
5. ______________________________
6. ______________________________

18.6 Die morphologische Bewegungsanalyse

Die morphologische Betrachtungsweise beschäftigt sich mit den ____________________

____

und untersucht ____________________.

18.6.1 Zur Struktur sportlicher Bewegungen

Morphologischen Grundstruktur einer sportlichen Bewegung

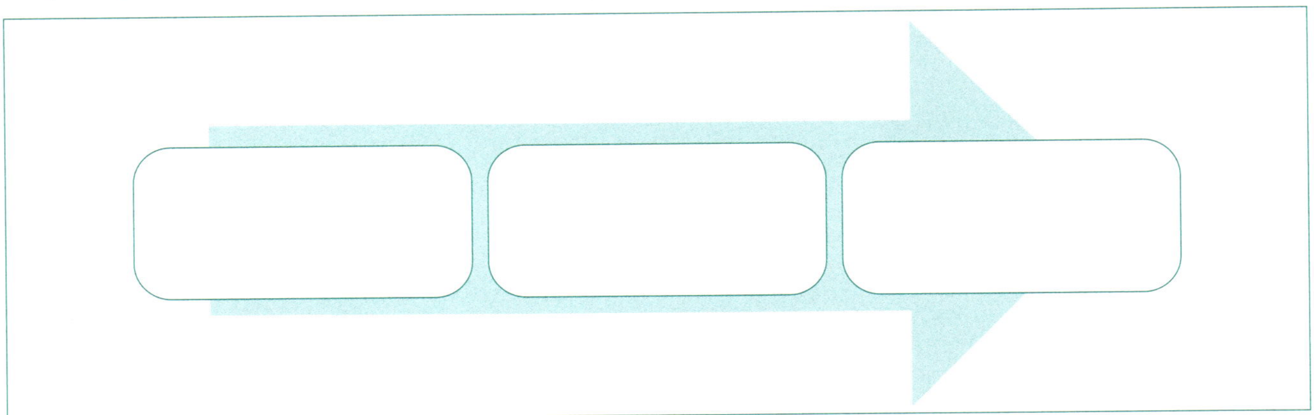

Vorbereitungsphase	Aufgabe:
Hauptphase	Aufgabe:
Endphase	Aufgabe:

18.6.2 Funktionale Bewegungsanalyse

Welche Rahmenbedingungen bestimmen in der funktionalen Bewegungslehre die sportliche Bewegung?

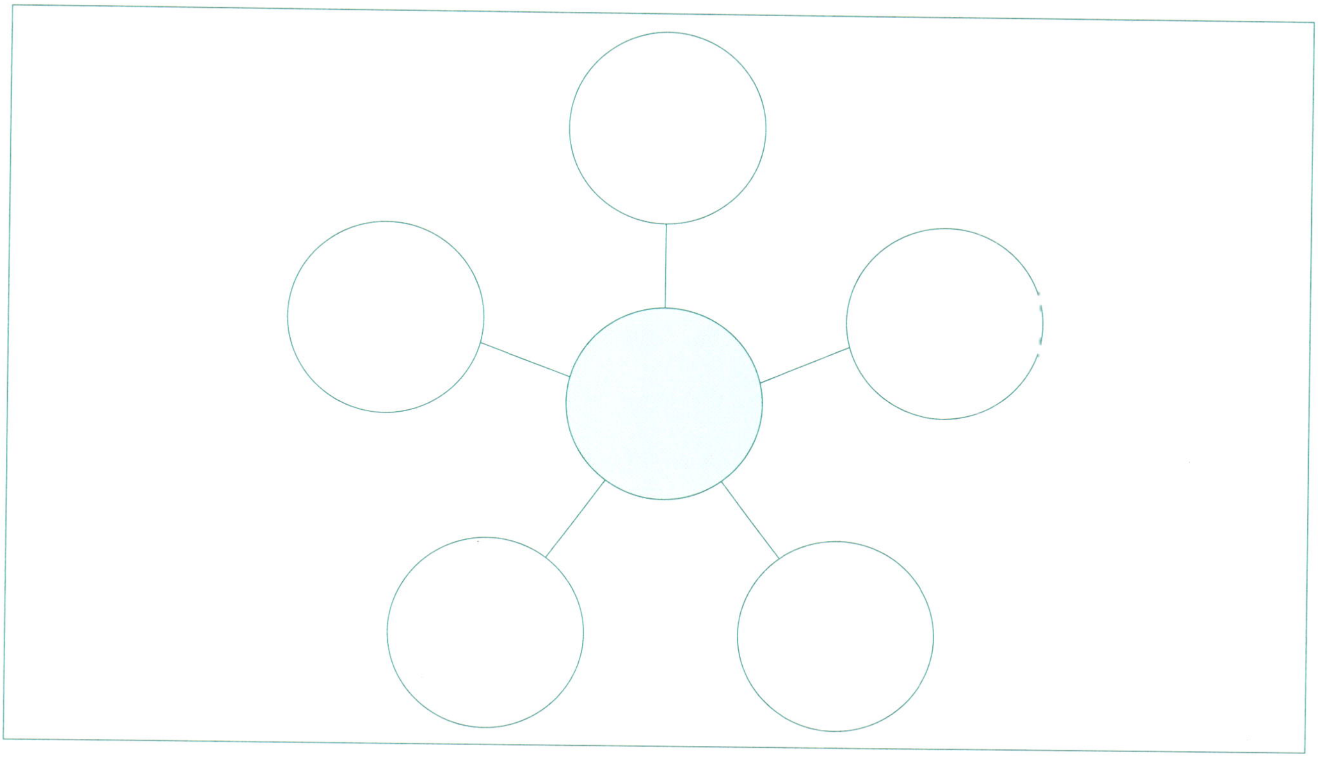

Definiere und ergänze mit praktischen Beispielen.

Bewegerbedingungen	Beispiele:
Umgebungsbedingungen	Beispiele:
Movendumbedingungen	Beispiele:
Regelbedingungen	Beispiele:
Bewegungsziele	Beispiele:

Welche Bewegungsziele gibt es im Sport?

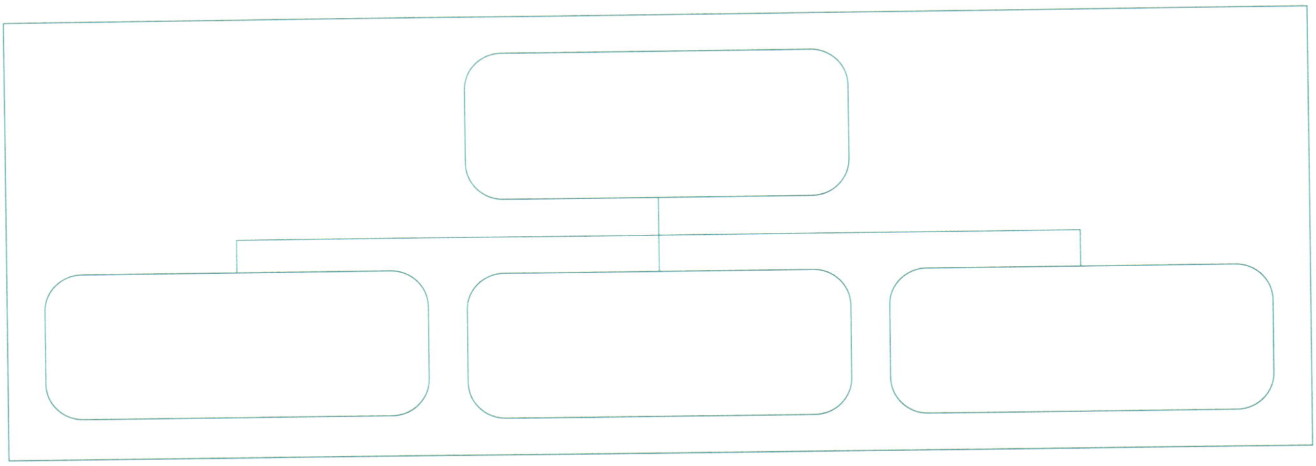

Göhner unterscheidet bei einer sportlichen Bewegung 2 Phasen:

1. ____________________

2. ____________________

Überprüfe dein Wissen

Aufgabe 1: **G,M,E**

Geht auf die Homepage des Instituts für **F**orschung und **E**ntwicklung von **S**portgeräten und informiert euch dort, worin die Hauptaufgaben bestehen.
Tauscht euch darüber aus, welche unterschiedlichen Anforderungen in den einzelnen Disziplinen/Sportarten vom FES bewältigt werden müssen und vergleicht diese miteinander.

Aufgabe 2: **G,M,E**

Probiert den Magnus-Effekt im Fußball selbst aus. Versucht drei Körperteile bzw. Körperpositionen dabei besonders zu beobachten.
1. Gesamtkörperhaltung
2. Position des Standbeines
3. Fuß-Balltreffpunkt

Wenn ihr die Möglichkeit habt, filmt die Bewegung mit einem Tablet.

Aufgabe 3:

a) **G:** Versucht in einfachen Worten zu beschreiben, um was es beim Magnus-Effekt geht.

b) **M:** Erläutere den Magnus-Effekt an einem rotierenden Ball.

c) **E:** Schaue mit einem Lernpartner am Wochenende die Zusammenfassung der Spiele der ersten Fußball-Bundesliga. Besprecht die Freistöße, Schüsse und Eckbälle, bei denen ihr einen Magnus-Effekt beobachten könnt. Versucht euch klarzumachen, wie diese Rotationsart zustande kam.

Überprüfe dein Wissen

Aufgabe 4: **G,M,E**

Probiert die Grab-/Trackstarttechnik im Schwimmen selbst aus. Mit welcher kommst du besser zurecht? Woran liegt das?
Probiert die O`Brian-Technik bzw. Drehstoßtechnik in der Leichtathletik selbst aus und vergleicht beide Techniken miteinander. Welche fällt dir leichter? Mit welcher erzielst du größere Weiten?
Wenn ihr die Möglichkeit habt, filmt die Bewegung mit einem Tablet.

Aufgabe 5: **G,M,E**

Probiert das im Lehrbuch erwähnte praktische Beispiel der Anwendung der biomechanischen Prinzipien beim Strecksprung selbst aus. Könnt ihr die Ergebnisse nachvollziehen?
Wenn ihr die Möglichkeit habt, filmt die Bewegung mit einem Tablet.

Aufgabe 6:

a) **G:** Sucht euch mehrere Bewegungen im Sport aus und versucht, mit eurem Lernpartner zusammen jeweils eine Einteilung in drei Bewegungsphasen vorzunehmen.
b) **M:** Sucht euch mehrere Bewegungen im Sport aus und versucht, mit eurem Lernpartner zusammen jeweils eine Einteilung in drei Bewegungsphasen vorzunehmen und diese genau zu erläutern.
c) **E:** Schaut euch mit eurem Lernpartner zusammen eine euch gut bekannte Bewegung an und versucht sie so exakt wie möglich wie bei dem Lehrbuchbeispiel aus dem Tischtennis zu analysieren. Wenn nötig, zeichnet eine Bewegung dazu mit einem Tablet auf.

Aufgabe 7:

a) **G:** Nenne weitere praktische Beispiele, Sportarten, Disziplinen zu: Bewegerbedingungen, Umgebungsbedingungen, Movendumbedingungen, Regelbedingungen, Bewegungsziele.
b) **M:** Finde weitere praktische Beispiele, Sportarten, Disziplinen zu: Bewegerbedingungen, Umgebungsbedingungen, Movendumbedingungen, Regelbedingungen, Bewegungsziele und erläutere diese so genau wie möglich.
c) **E:** Die Bewegungsziele bestimmen maßgeblich den Verlauf einer sportlichen Bewegung. Such dir mit deinem Lernpartner eine Sportart aus und besprecht mögliche Veränderungen, wenn sich das Bewegungsziel ändern würde.

Aufgabe 8: **G,M,E**

Versucht in einer Sporthalle den „Dreher“ im Handball nachzuvollziehen.
Wenn er euch gelingt, versucht dies mit einem Torwart. Was ändert sich, wenn ein Torwart im Handballtor steht?

Aufgabe 9: **G,M,E**

Vergleicht in eurer Klasse

1. Parallel-Einwurf
2. Einwurf in Schrittstellung

Notiert die Wurfweiten und vergleicht diese miteinander. Könnt ihr dabei die Ergebnisse der Studie nachvollziehen?

Überprüfe dein Wissen – Bearbeitung

19 Wahrnehmung und Sport

19.1 Sinnesphysiologie und Sport

Das zentrale Sinnesorgan des Menschen ist ______________________________.

19.2 Sehen und Sport

Sinnessystem bzw. Sinnesmodalität	Sensoren (Sinnesrezeptoren)

Ungefähr ______________ aller Umwelteindrücke werden über die ______________ aufgenommen.

Für die Aufnahme von optischen Reizen sind für die Augen wichtig:

- ______________________________
- ______________________________
- ______________________________
- ______________________________

Für das Sehen in Dunkelheit sind die ______________________________ verantwortlich.

Für das Sehen in Helligkeit und das Farbensehen sind die ______________________________ verantwortlich.

Unterschiedliche Beleuchtungssituationen regelt das Auge über die ______________________________.

Der Mensch sieht nicht nur mit seinen Augen, sondern ______________________________.

Der Punkt des schärfsten Sehens auf der Netzhaut ist die ______________________________.

Im Sport haben die schnellsten Augen:

1. ______________________________
2. ______________________________
3. ______________________________

19.3 Gleichgewichtsregulation und Sport

In folgenden Sportarten spielt die Gleichgewichtsregulation eine Rolle:

- ______________________________
- ______________________________
- ______________________________
- ______________________________
- ______________________________
- ______________________________
- ______________________________
- ______________________________
- ______________________________
- ______________________________

Zum Gleichgewichtssystem zählen:

1. ______________________________
2. ______________________________
3. ______________________________

Das Gleichgewichtsorgan befindet sich im ______________________________.

Eine der wichtigsten Verschaltungen ist die Verbindung zu den ______________________________.

Der entscheidende Trainingsreiz für die Sensoren des Gleichgewichtsorgans ist die ______________________________

______________________________.

19.3.1 Gleichgewichtssinn und Training

Das Gleichgewichtssystem benötigt ______________________________ Trainingsreize, um sich zu verbessern.
Bei Senioren/innen kann das Gleichgewichtstraining zur ______________________________ beitragen.

19.3.2 Interpretation des Tischtennisbeispiels

Methodisches Vorgehen zur Verbesserung des Gleichgewichtsinns

1. ______________________________

2. ______________________________

3. ______________________________

19.4 Wahrnehmung und Lernen

Wenn Bewegungen erlernt werden sollen so sind zu Beginn des Lernprozesses ______________________________

und ______________________________ besonders wichtig.

Die am häufigsten angewandte Methode beim Erlernen von Bewegungen ist folgende:

____

____

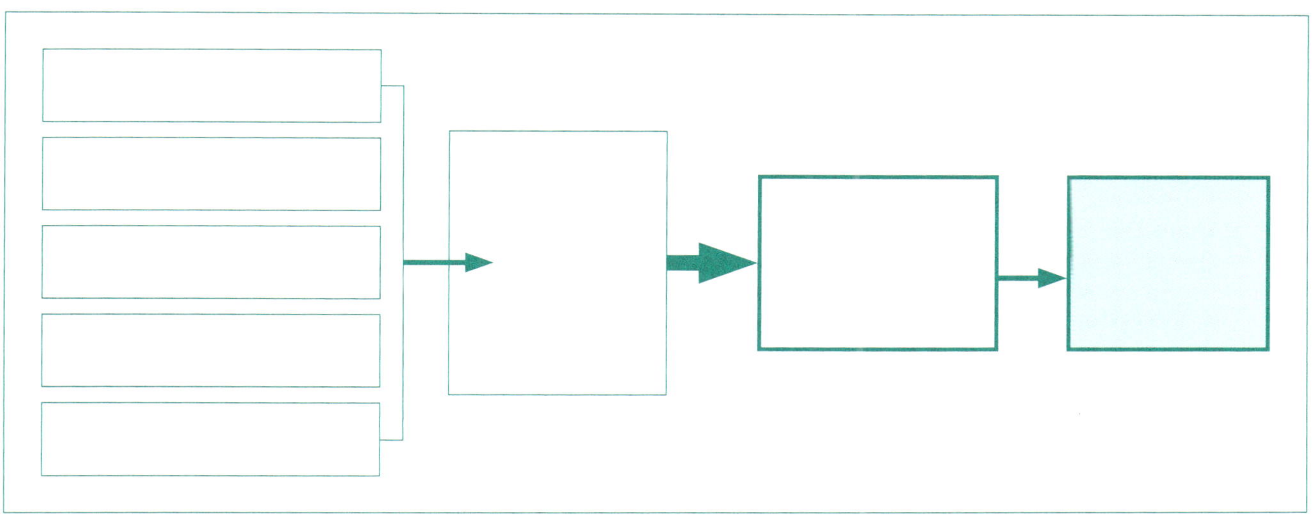

Überprüfe dein Wissen

?

Aufgabe 1: G,M,E

a) Versucht zusammen mit euren Lernpartnern durch geeignete Eigenerfahrungen die Arbeit der Sensoren nachzuvollziehen.

b) Welche der Rezeptoren spielen im Sport/bei körperlichen Bewegung eine Rolle? Wann werden sie uns bewusst, wann treten sie eher in den Hintergrund?

Aufgabe 2: G,M,E

a) Versucht in eigenen Worten zu beschreiben, wie ein Bild aus der Umwelt auf das Auge trifft und weiterverarbeitet wird.
Recherchiert im Internet dazu auch die sogenannte „Camera obscura"

b) Versucht im Selbstversuch die Pupillenreaktion vom Hellen ins Dunkle und umgekehrt nachzuvollziehen.

c) Man sagt, dass der Mensch nicht nur mit den Augen sondern mit dem Gehirn sieht. Versucht dazu im Internet optische Täuschungen zu finden.

Aufgabe 3: G,M,E

a) Macht zum peripheren Sehen folgenden Selbstversuch: haltet den Kopf gerade und schaut geradeaus; nun lasst einen Lernpartner von rechts bzw. links hinter euch langsam nach vorne gehen, bis ihr ihn sehen könnt;

b) Beim zweiten Versuch haltet den Kopf wieder gerade, schaut aber diesmal mit den Augen scharf auf die Seite, von der sich euer Lernpartner von hinten nähert: Wo liegen die Unterschiede bei beiden Seharten?

c) Welche Konsequenzen hat dies für das Sehen im Sport? Findet Beispiele!

Aufgabe 4: G,M,E

Macht folgende Selbstversuche:

1. dreht euch 5mal um die eigene Körperachse und formt mit einem Bein eine 8 um zwei neben euch stehende Pylonen (Abstand der Pylonen 40–50 cm); mit jedem Bein ausprobieren
2. dreht euch 5mal um die eigene Körperachse und formt mit einem Bein eine 8 um die zwei Pylonen; schließt dabei nun die Augen

---

1. Lauft in flottem Tempo durch die Sporthalle und macht alle drei Schritte eine Drehung um die Körperachse. Nach zwei bis drei Minuten haltet ihr an und macht eine Standwaage.
2. Wie 1., nur während der Standwaage die Augen schließen.
   Wo liegen die Unterschiede von geöffneten zu geschlossenen Augen?

Aufgabe 5: G,M,E

Macht Gleichgewichtsübungen in eurer Klasse und schaut dabei, wie gut es den Mitschülern/innen gelingt. Könnt ihr Unterschiede bzw. Eigenheiten bei bestimmten Sportarten/Disziplinen erkennen?

Überprüfe dein Wissen ?

Aufgabe 6: G,M,E

Ein Mitschüler/in soll euch drei unbekannte Bewegungen vermitteln:

1. **nur** durch Beschreibung und Erklärung
2. **nur** durch Demonstration (zeigen)
3. durch Beschreibung und Demonstration

Worin lagen die Unterschiede? Wann gelang es euch am besten?

Überprüfe dein Wissen – Bearbeitung !

Überprüfe dein Wissen – Bearbeitung

20 Ernährung

Die Ernährung im Sport ist wichtig zur

➡ ____________________

➡ ____________________

( ) + ( ) + ( ) = **Sportliche Form**

Wenn die Sporternährung nicht beachtet wird, kann sich dies negativ auf die Leistung auswirken:

- ____________________
- ____________________
- ____________________
- ____________________
- ____________________

Worin unterscheiden sich…?

... Breitensportler	... Leistungssportler

Ernährungsberatung muss

➡ ____________________

➡ ____________________
sein.

Die Kalorienzahl und Nahrungszusammensetzung richten sich nach:

1. ____________________

2. ____________________

20.1 Zum Energiebedarf im Sport

Grundumsatz = ____________________

____

____

hängt von folgenden Faktoren ab

• ______	➡ ______
• ______	➡ ______
• ______	➡ ______
• ______ ______	➡ ______ ➡ ______
• ______	➡ ______
• ______	➡ ______

Jede körperliche Aktivität neben dem Sport, also z.B. auch

____

als den ______________ Grundumsatz.

Gesamtumsatz = ______________ + ______________

20.2 Nährstoffe

Nährstoffe sind:	Energiegehalte:	
	kJ	kcal
1. ______		
2. ______		
3. ______		

Ergänze die prozentuale Aufteilung der Nährstoffe:

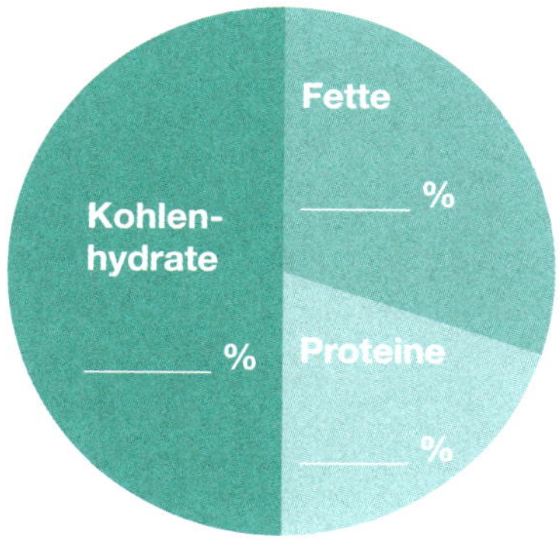

20.2.1 Kohlenhydrate

Kohlenhydrate sind ______

und stellen ______ dar.

20.2.1.1 Empfohlene Zufuhr und Aufbau von Kohlenhydraten

Empfohlene prozentuale Zufuhr an Kohlenhydraten:

1. Geringe körperliche Aktivität: ______	2. Sportler/innen: ______

Kohlenhydrate und ihr Vorkommen in Nahrungsmitteln:

Kohlenhydrat	Vorkommen
• ______ • ______ • ______	• ______ • ______ • ______
• ______ • ______ • ______	• ______ • ______ • ______
• ______ ______ • ______ ______	• ______ ______ • ______ ______

Kohlenhydrate sind im Sport bei Belastungen

______

Kohlenhydrate benötigt der Sportler

1. ______
2. ______
3. ______
4. ______
5. ______
6. ______

Wie äußert sich ein Hungerast?

1. ______
2. ______
3. ______
4. ______
5. ______
6. ______

20.2.1.2 Kohlenhydrate vor und während der Belastung

Durch spezielle Ernährungsmaßnahmen kann der Kohlenhydratspeicher ______________________

____.

Wenn Kohlenhydratspeicher mehrere Tage vor einem Wettkampf entleert werden, und man sich danach 3 Tage lang kohlenhydratbetont ernährt, spricht man von der

1. ____ oder auch vom

2. ____

20.2.1.3 Kohlenhydratzufuhr nach ermüdenden oder erschöpfenden Belastungen

Innerhalb welcher Zeit nach einer Belastung sollte man getrunken haben?

____

20.2.2 Fette

Funktionen von Cholesterin
1. ____   ____
2. ____   ____
3. ____   ____

20.2.3 Proteine

Proteine sollte man nicht nach dem Motto:

____

zu sich nehmen.

Eine gezielte proteinreiche Ernährung erfüllt folgende Funktionen:
1. ______
2. ______
3. ______
4. ______

20.3 Flüssigkeits- und Elektrolythaushalt

Welche Funktionen hat Wasser im menschlichen Organismus?

- ______
- ______
- ______
- ______

Kühlung durch Schwitzen ist v.a. ______

______

______ sinkt.

Nicht nur die körperliche, sondern auch die ______

können durch Wasserverlust ______

______

Von welchen Faktoren hängt es ab, wie viel ein Sportler schwitzt?

1. ______
2. ______
3. ______

4. ______

5. ______

6. ______

Wichtig ist, dass der Sportler lernt, ______

______ zu hören.

20.4 Getränke im Sport

Ein für Sportler geeignetes Mineralwasser sollte:

1. ______

2. ______

Sportgetränke, welche zwischen ______ Kohlenhydrate pro Liter enthalten sollten, sind ______ die sportliche Leistung ______

______

Merke:

______ und sportliche Leistung sind nicht miteinander vereinbar.

Auch ______ werden durch ______ negativ beeinflusst.

20.5 Zur Ernährung vor, während und nach einer sportlichen Belastung

Durchführung optimales Training/Wettkampf → ____________________

↓

Orientierung an folgenden Faktoren:

- ____________________
- ____________________
- ____________________
- ____________________
- ____________________
- ____________________

20.5.1 Ernährung vor dem Sporttreiben

Grundsätzliche gilt:

1. ____________________

   Begründung: ____________________

   ____

2. ____________________

   Begründung: ____________________

   ____

3. ____________________

   Begründung: ____________________

   ____

20.5.2 Ernährung während des Sporttreibens

Breitensport (Training von ca. 1,5 Stunden)	**Wettkampf** (Sportspiele)	**Ausdauer** (Marathon, Triathlon)

20.5.3 Ernährung nach dem Sporttreiben

In der Regenerationsphase nach dem Sport stehen 3 Punkte im Vordergrund:

1. ____________________

2. ____________________

3. ____________________

20.6 Vegetarische, vegane und glutenfreie Ernährung

Vegetarische Ernährung und Sport	
+	−
Vegane Ernährung und Sport	
+	−
Glutenfreie Ernährung und Sport	
+	−

20.7 Vitamine und Mineralstoffe

Im Hinblick auf die ______________________________ genügt es i.d.R. für Sportler völlig, sich ______________________________. Obst und Gemüse ______________

____.

20.8 Sport und Essstörungen

Welche Sportarten gelten im Hinblick auf Essstörungen als gefährdet?

Sportart:	Begründung:
1. ______________	➡ ______________
2. ______________	➡ ______________
3. ______________	➡ ______________
4. ______________	➡ ______________
5. ______________	➡ ______________
6. ______________	➡ ______________

Echte Essstörungen sind:

1. ______________________________
2. ______________________________

Überprüfe dein Wissen

?

Aufgabe 1:

a) **G:** Die sportliche Form wird von drei Faktoren bestimmt. Welche sind dies? Welche kann man beeinflussen, welche nicht?

b) **M:** Ist Sporternährung nur für Leistungssportler wichtig? Erläutere.

c) **E:** Was könnten Gründe dafür sein, dass sich junge Leistungssportler nicht sportgerecht ernähren? Wie könnte man die Situation verbessern? Erläutere.

Aufgabe 2:

a) **G:** Besuche ein höherklassiges Wettkampfspiel im Sommer. Was kannst du zum Trinkverhalten der Sportler erkennen? (Mineralwasser/Sportgetränk…., Halbzeitpause, während des Spiels, danach)

b) **M:** Warum spricht man bei den Kohlenhydraten vom „Superbenzin"? Welche Sportarten/Disziplinen benötigen in erster Linie „Superbenzin"?

c) **E:** Versuche, unter Einbeziehung deiner Sportart deinen Gesamtumsatz zu berechnen und vergleiche diesen mit einem Lernpartner. Wie lassen sich die Unterschiede erklären?

Aufgabe 3:

a) **G:** Führe an einem Tag mit und an einem Tag ohne Training ein Trinkprotokoll durch. Notiere die Menge, die du getrunken hast und vergleiche sie mit denen deiner Lernpartner.

b) **M:** Recherchiert mindestens zwei Hersteller von Nahrungsergänzungsmittel im Internet und erstelle eine Produktübersicht. Nun versuche die entsprechenden Produkte miteinander zu vergleichen.

c) **E:** Wiegt euch vor und nach einem Training oder einem Spiel. Notiert dazu, wie viel ihr getrunken habt. Vergleicht den Unterschied vorher und nachher mit euern Lernpartnern.

Aufgabe 4: Partnerarbeit

a) **G:** Vergleicht 2–3 Flaschen eines „teuren" Mineralwassers mit 2-3 Flaschen eines Mineralwassers von einem Discounter. Addiert die auf dem Etikett aufgeführte Ionenmenge und vergleicht die Flaschen miteinander.

b) **M:** Versucht bei einem ortsansässigen Verein ein kurzes Interview mit einem Trainer zu führen und stellt dabei Fragen zur Bedeutung und Einschätzung der Sporternährung.

c) **E:** Geht auf www.koelnerliste.com und schaut die Seite umfassend an. Versucht so viel wie möglich in Erfahrung zu bringen und tauscht euch über die Bedeutung der Inhalte für die Leistungssportler aus.

Überprüfe dein Wissen – Bearbeitung

21 Emotionen im Sport

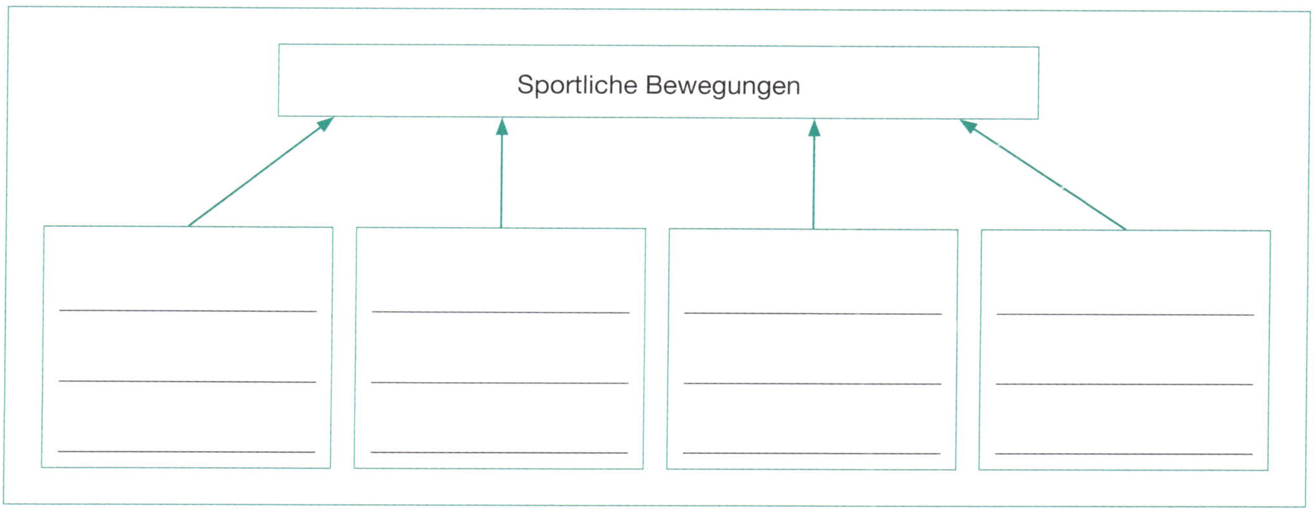

21.1 Freude, Vergnügen und Zufriedenheit

Freude und Spaß sind für Menschen ______________________________ , die für einen Sportler wichtig sind, damit er ______________________________ erbringen kann.

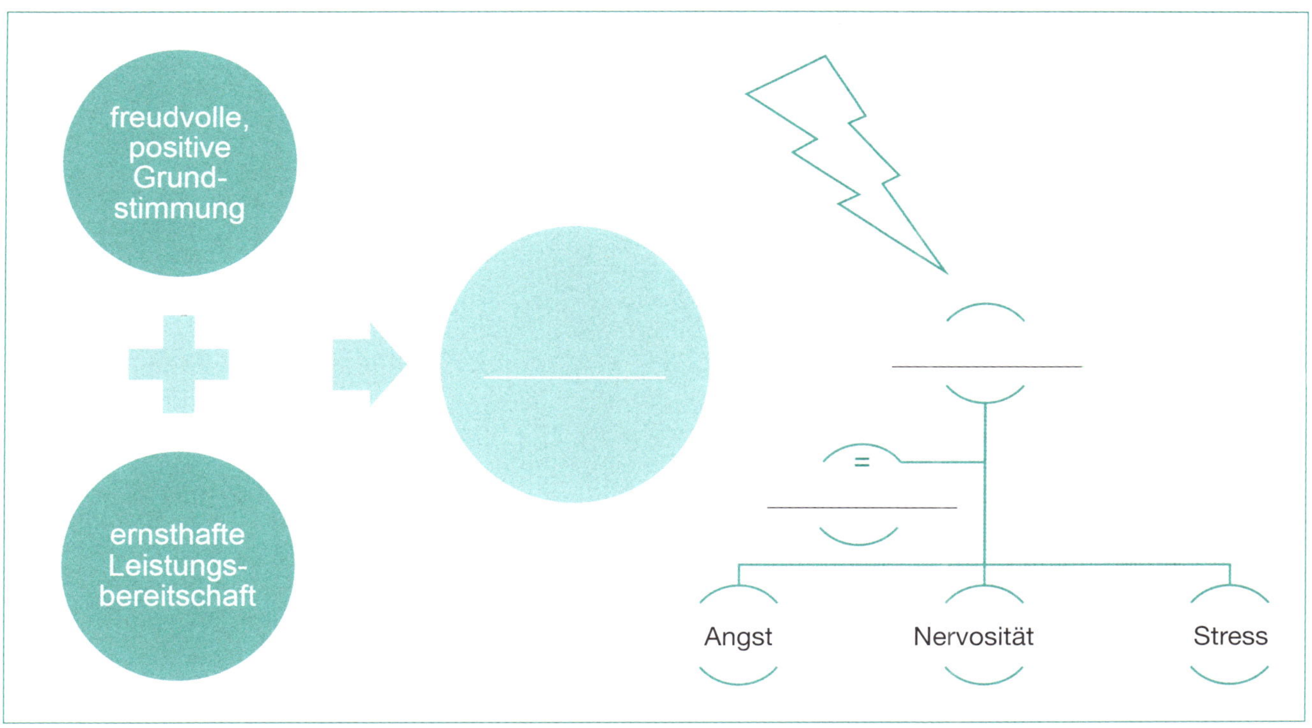

21.2 Angst, Nervosität und Stress

21.2.1 Angstauslöser

21.2.2 Folgeängste des Gleichgewichtsverlustes bei einem Skifahrer

Fahranfänger im Skisport → Angst vor einem Sturz → Folgeängste

-
-
-
-
-
-

Wie können Folgeängste vermindert werden?

21.2.3 Symptome der Angst

1. ____________________ Symptome:

____

____

2. ____________________ Symptome:

____

____

3. ____________________ Symptome:

____

____

21.2.4 Angstabbau

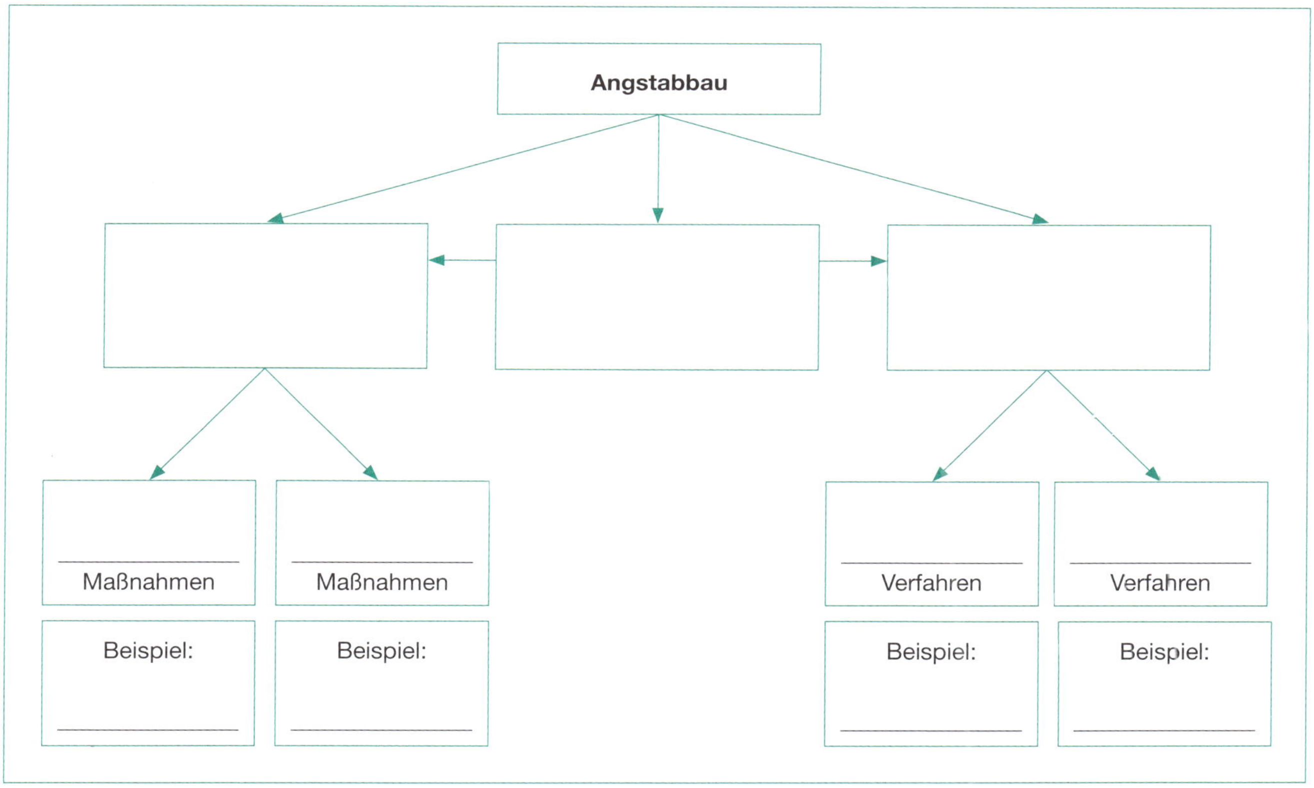

Pädagogisch psychologische Maßnahmen zum Angstabbau

- ______________________
- ______________________
- ______________________
- ______________________
- ______________________
- ______________________
- ______________________
- ______________________
- ______________________
- ______________________
- ______________________
- ______________________

21.3 Aggression

➡ „aggressio“ oder „aggredi“ = ______________________

= ______________________ und ______________________

Gesellschaft:
____
____

← Aggression →

Wettkampf:
____
____

Was bringt einen Menschen „auf 180“?

1. ______________________
2. ______________________
3. ______________________

Aggressionen vor einem Wettkampf

→ Kontrolle durch Strategien der Selbstregulation

→ entwickelt „______________________“

→ Steigerung der ______________________

Regulationsmöglichkeiten

1. ______________________________

= ______________________________

____

____

2. ______________________________

= ______________________________

____

____

Problemlösung

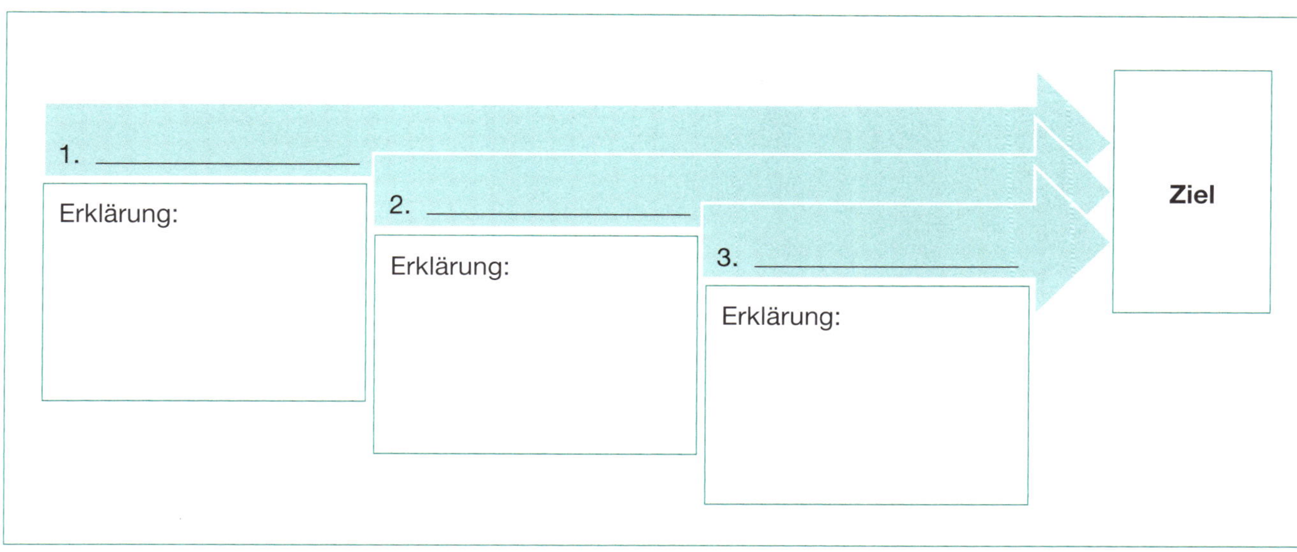

Überprüfe dein Wissen ?

Aufgabe 1:

a) **G:** Durch welche Faktoren werden sportliche Bewegungen bestimmt?

b) **M:** Wähle zwei Faktoren aus, die eine sportliche Bewegung beeinflussen und erkläre sie ausführlich.

c) **E:** Wähle einen Faktor aus, der eine sportliche Bewegung beeinflusst und erläutere diesen anhand eines praktischen Beispiels.

Aufgabe 2:

a) **G,M,E:** Wie sieht ein ideales Training aus?

b) **G,M:** Erläutere ein ideales Training anhand eines Praxisbeispiels.

c) **E:** Finde auf YouTube / im Fernsehen ein Interview eines Sportlers, indem sich dieser über seine Grundstimmung während der Sportausübung äußert.
Wie hängt dies mit seiner Leistungsbereitschaft im Spiel zusammen?

Aufgabe 3:

a) **G:** Was wird unter negativen emotionalen Zuständen verstanden? Wie wirken sich solche Emotionen auf die sportliche Leistung aus?

b) **M:** Wodurch kann im Sport der emotionale Zustand „Angst" ausgelöst werden? Benenne.
Erläutere die Gefahr des Gleichgewichtsverlustes näher an konkreten Beispielen.

c) **E:** Wie wirkt sich Gleichgewichtsverlust auf den emotionalen Zustand eines Sportlers aus? Kann die Angst vor dem Gleichgewichtsverlust vermindert werden? Erläutere ausführlich und begründe deine Antwort mithilfe eines konkreten Beispiels.

Aufgabe 4: **G,M,E**

Woran erkenne ich, ob ein Mensch Angst hat?

Aufgabe 5:

a) **G,M,E:** Fülle die folgende Abbildung zur Grobeinteilung der Verfahren zum Angstabbau aus.

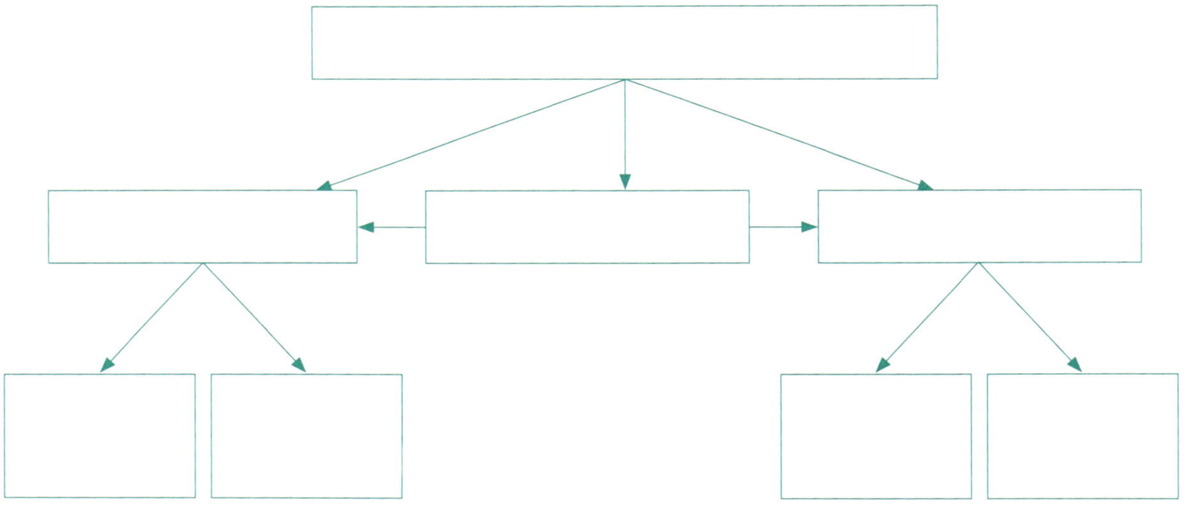

Überprüfe dein Wissen ?

b) **M:** Beschreibe die Abbildung, indem du anhand von Beispielen die verschiedenen Maßnahmen und Verfahren erklärst.

c) **E:** 6-jähriges Mädchen auf dem Schwebebalken: „Hilfe, ich falle!"
Wie kann ein Trainer/Betreuer in einer solchen Situation pädagogisch psychologisch vorgehen, um die Angst abzubauen?

Aufgabe 6:

a) **G:** Was versteht man unter dem Wort „Aggression"?

b) **M:** Definiere „Aggression" hinsichtlich der Wortherkunft und setze dies mit der sportlichen Leistung im Zusammenhang.

c) **E:** Was wird unter „Energiequelle Aggression" verstanden?
Was bedeutet das für die sportliche Leistungsfähigkeit?

Aufgabe 7:

a) **G:** Welche Regulationsmöglichkeiten gibt es, seine Gefühle vor einem Wettkampf in nützliche Energie (z.B. Kampfgeist) umzuwandeln? Benenne sie.

b) **M,E:** Worin liegt das Ziel der Aktivitätsregulation?

c) **M:** Wie kann man seine aggressive Energie positiv umwandeln?

d) **E:** Vor dem Wettkampf läuft mein Gegner an mir vorbei und sagt: „Dich mach ich heute platt!"
Wie könnte „meine Problemlösung" aussehen?

Überprüfe dein Wissen – Bearbeitung !

Überprüfe dein Wissen – Bearbeitung

22 Sport und Naturerlebnis

!

Was verstehst du unter Sport in der Natur?

____

____

____

____

____

?

Gruppenarbeit:

Erstellt eine Collage zum Thema „Sport und Naturerlebnis" und präsentiert sie vor der Gruppe.

Zähle Beispielsportarten auf.

____

____

____

____

____

____

Erstelle dein Freiluftsportarten-Ranking.

1. ________________________
2. ________________________
3. ________________________
4. ________________________
5. ________________________
6. ________________________

➡ Welche Auswirkungen hat das Sporttreiben in freier Natur zum Teil für die Umwelt?

____

____

____

Freiluftsportarten ermöglichen ____.

Wenn man Sport in der Natur betreiben möchte, hat man eine ____________________ für deren Schutz.

Dabei sind zwei **Grundregeln** wichtig:

1. ____
2. ____

22.1 Zum Umweltbewusstsein in Deutschland

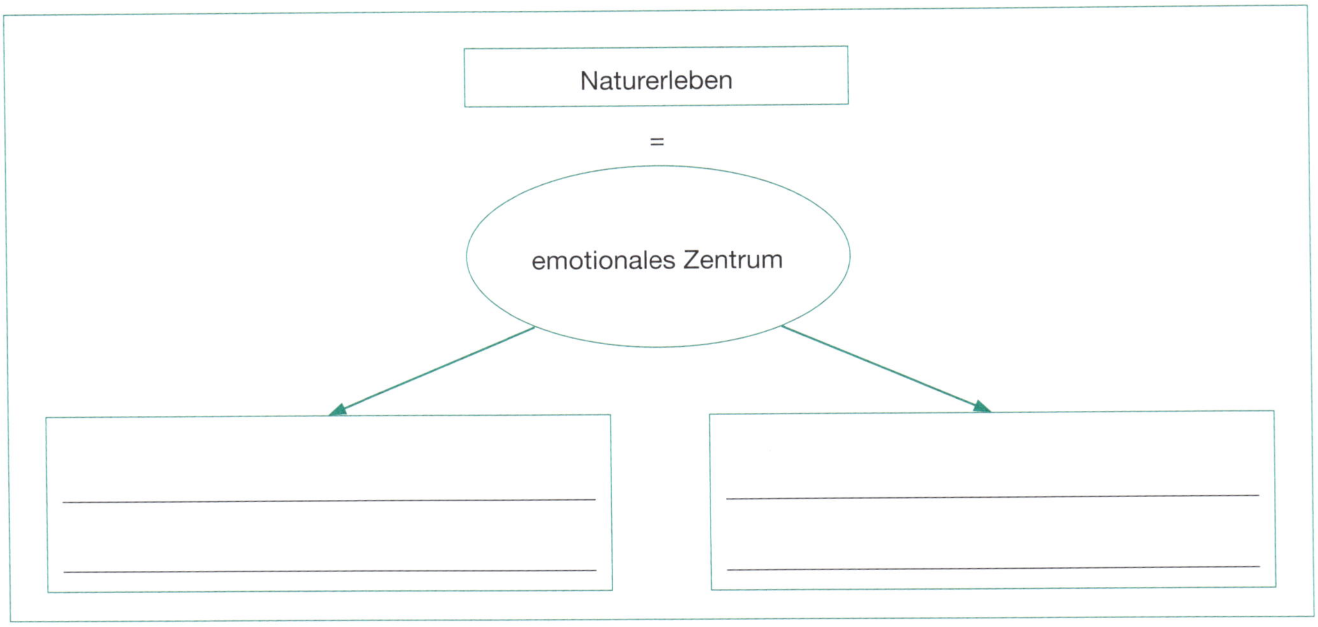

22.2 Staatliche Förderung

Beispielprojekte, die vom Staat gefördert werden:

____

____

____

____

____

Die DBU (______________________________

______________________________)

stellt für die Kooperation und Projekte des DOSB fast 2,3 Mio € zur Verfügung.

22.3 Umweltschutz und Umweltbewusstsein am Beispiel Tauchsport

Studien zum Umweltbewusstsein

✓ Betonen die Wichtigkeit und Bedeutung häufiger ______________________________.

✓ Nur durch ____________________ und ____________________ ist Erkenntnis möglich.

✓ Für die Umweltbildung sind folgende Punkte von Bedeutung:

- ______________________________
- ______________________________
- ______________________________
- ______________________________

Überprüfe dein Wissen ?

Aufgabe 1:

a) **G:** Welche Sportarten werden im Freien ausgeübt?

b) **M:** Warum ist ein verantwortungs- und rücksichtsvolles Verhalten beim Sporttreiben in der Natur bedeutsam?

c) **E:** Nenne Grundregeln, die beim Sporttreiben in der Natur zu beachten sind.
Erläutere sie anhand unterschiedlicher Verhaltensbeispiele.

Aufgabe 2: **G,M,E**

Wie hängt das individuelle Naturerleben mit dem eigenen Umweltbewusstsein zusammen?

Aufgabe 3: **G,M,E**

Partnerarbeit

a) Recherchiert ein Projekt des DOSB, das von der DBU (Deutsche Bundesstiftung Umwelt) gefördert wird.
Stellt das Projekt eurer Gruppe ausführlich vor.

b) Sucht euch einen der folgenden Links aus und recherchiert deren Engagement hinsichtlich ihrer Verantwortung gegenüber dem Umweltschutz sowie allgemein der Natur.
Links:
– Verband Deutscher Sport Taucher: www.vdst.de → Umwelt
– Württembergischer Landesverband für Tauchsport: www.wlt-eV.de → Umwelt & Wissenschaft
– www.alpenverein.de → Umwelt
– www.kanu.de → Freizeitsport → Umwelt
– www.deutscherskiverband.de → über uns → Umwelt

Überprüfe dein Wissen – Bearbeitung

23 Sport und Medien

Das Fernsehen ist ______________________________

____

Unter den Top 10 der meistgesehenen Fernsehsendungen der letzten Jahre befinden sich

- ______________________________
- ______________________________
- ______________________________
- ______________________________

Dreiecksgemeinschaft = ______________________________

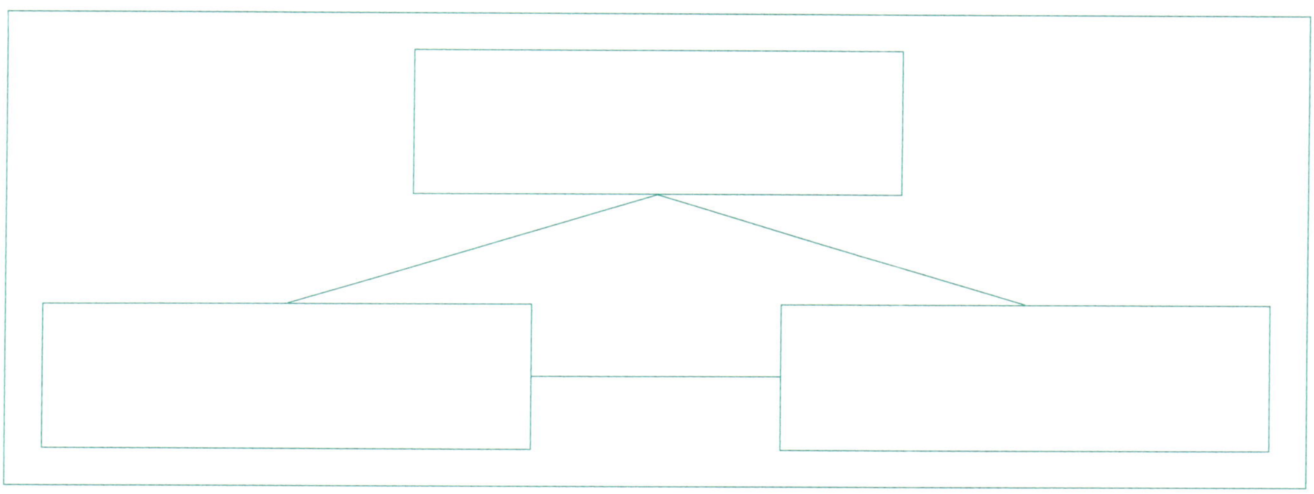

23.1 Merkmale der Berichterstattung

Die 6 Spitzenreiter der Sportberichtserstattung sind nach der DSHS Köln:

1. ______________________________
2. ______________________________
3. ______________________________
4. ______________________________
5. ______________________________
6. ______________________________

In Zeitschriften und Journalen dominieren:

1. ______________________________

2. ______________________________

Inhaltlich stehen im Vordergrund der Berichterstattung zu über ________% ______________________________

____

Kritische Fragen zum Sport, also Fragen über ______________________________ oder etwa ______________________________ finden eher selten statt.

Dafür versucht man den Sport als eine heile ( ) darzustellen.

23.2 Kommerzialisierung des Sports

Was bedeutet Kommerzialisierung im Sport? Erkläre anhand eines Beispiels.

____

____

____

23.3 Einflussnahme von Medien auf den Sport

Die Regeländerungen im TT, um telegener zu werden waren bisher:

1. ______________________________

2. ______________________________

3. ______________________________

Die Mischung aus Entertainment und Information bezeichnet man als ______________________________.

Weitere Kennzeichen der Berichterstattung im Sport sind:

1. ____________________ der Berichterstattung

2. ____________________ auf das eigene Land

3. Sportliche Leistung als ____________________

4. Sport als ____________________

5. Sport als ____________________

Die Bezeichnung der Verhandlungen zwischen dem Discovery-Channel mit ARD /ZDF um die Vertragsrechte der Olympischen Spiele 2018/2020 wurden als

____________________ bezeichnet.

Überprüfe dein Wissen

?

Aufgabe 1:

a) G: Schau dir an, über welche Sportarten der TV-Sender Eurosport in einer Woche berichtet. Was wird am meisten übertragen, was folgt danach?

b) M: Erstelle eine Übersicht über die Berichtserstattung einer Lokalzeitung im Sportbereich. Welche Systematik kannst du erkennen? (z.B. International, National, Lokal, Sportarten)

c) E: Schau beim DOSB nach den 10 größten Sportarten gemäß Mitgliederzahlen. Kann man die Sportarten auch was Fernsehübertragungen anbelangt in dieser Reihgenfolge im Fernsehen verfolgen?

Aufgabe 2:

a) G: Schau dir im Fernsehen eine Sport-Liveübertragung an. Notiere, welche Firmen für welche Produkte Werbung machen und bespreche dies mit einem Lernpartner.

b) M,E: Schaut euch zusammen die Live-Übertragung aus der Formel 1 im Privatfernsehen an. Wann beginnen die Vorberichte? Wie oft wird das Rennen unterbrochen, um Werbung zu zeigen. Kann man etwas zu Rennbeginn oder Rennende erkennen?

Aufgabe 3: **G,M,E**

a) Vergleicht das Endspiel des Amerikanischen Superbowls mit dem Endspiel um den deutschen Fußballpokal. Welche Gemeinsamkeiten/Unterschiede gibt es?

b) Was gab 2017 in Deutschland Anlass zur Kritik?

Aufgabe 4: **G,M,E** – Partnerarbeit

a) Hört euch gemeinsam im Radio die Fußball-Liveübertragungen der Bundesliga an. Welche sprachlichen Mittel kamen bei den Reporter/innen zur Anwendung?

b) Wie sieht es bei Fernsehreportern aus?

Überprüfe dein Wissen

?

Aufgabe 5: **G,M,E** – Partnerarbeit

Bekannte Sportsendungen im Fernsehen sind:

- Sport im Dritten/ Flutlicht etc.
- Die Sportreportage
- Das aktuelle Sportstudio
- Die Sportschau

Die Sendungen bringen in der Regel eine Mischung aus Sportberichten und Interviews mit „lokalen“ Live-Gästen.

Schaut euch die Sendungen an und besprecht/analysiert sie im Hinblick auf

- Entertainisierung
- Kommerzialisierung
- Dramatisierung
- Aktualität
- Sport als Männersache
- Nationaler Sport / lokaler Sport / internationaler Sport

Tauscht euch über Gemeinsamkeiten/Unterschiede aus.

Überprüfe dein Wissen – Bearbeitung

Überprüfe dein Wissen – Bearbeitung

24 Sport und Staat

In Deutschland wird der Sport sowohl ______________________ (______________)

als auch ______________________ vom Staat gestützt und gefördert.

Diese Förderung bezieht sich nicht nur auf den Spitzensport, sondern auch auf

1. ____

2. ____

3. ____

24.1 Finanzielle Sportförderung

Öffentliche Sportförderung (Finanzierung):

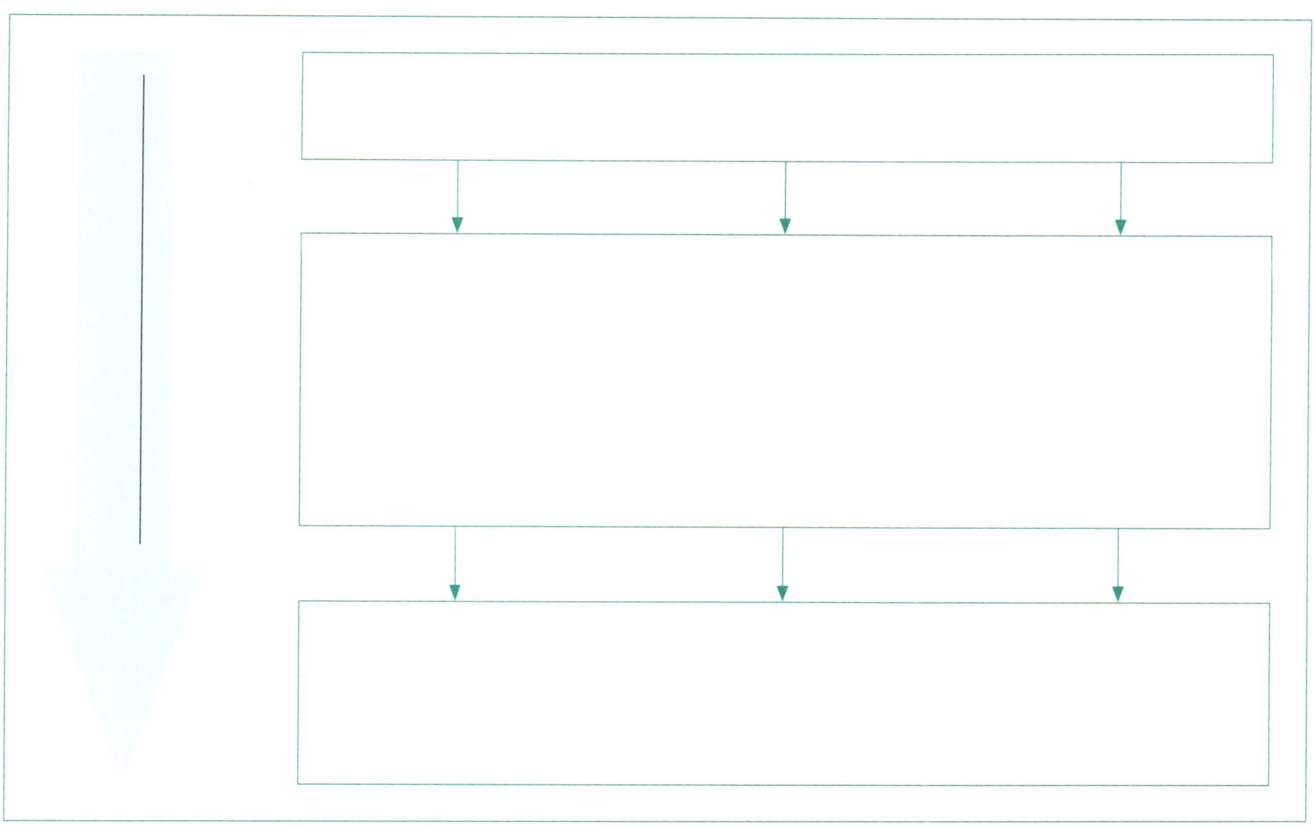

24.2 Sportpolitik in Deutschland

Spitzensportler/innen sind ______________________________ und können jungen Menschen zu eigener ______________________________ motivieren.

24.2.1 Der Sportausschuss des Deutschen Bundestages

Parlamentarisch wird in der Politik über den Sport in Deutschland im ______________________________ ______________________________ beraten. Die erste Sitzung fand bereits ______________ statt.

Der Sportausschuss beschäftigt sich mit der **gesellschaftlichen Bedeutung des Sports** auch für Lebensbereiche wie

1. ______________________________
2. ______________________________
3. ______________________________
4. ______________________________

24.2.2 Richtungsweisende Eckpunkte der Sportpolitik

Darunter fallen folgende Punkte:

1. ______________________________
2. ______________________________
3. ______________________________

- In der Bundesrepublik Deutschland ist das ______________________________ ______________________________ verantwortlich.
- Der **höchste Minister**, welcher für den Sport direkt zuständig ist, ist der ______________________________.

24.2.3 Sportförderung

Für das Jahr 2017 gibt der Bund ______________________ Euro für den Sport aus.

24.3 Finanzierung des Sports

Deutschland zählt sowohl bei den **Sommer- wie auch bei den Wintersportarten** zu den weltweit

____

Spitzensportförderung (Beispiele):

1. ____
2. ____
3. ____

Weiterhin werden gefördert:

1. ____
2. ____
3. ____
4. ____
5. ____
6. ____
7. ____

Überprüfe dein Wissen

?

Aufgabe 1:

a) **G:** Spitzensportler sollen Vorbilder zur eigenen sportlichen Aktivität für junge Menschen sein. Suche Beispiele in der Gruppe, ob es tatsächlich Vorbilder aus dem Spitzensport waren, welche sie zum eigenen Sporttreiben motiviert haben.

b) **M:** Kann man deiner Meinung nach die Eigenschaften Fleiß, Disziplin und Einsatzbereitschaft, welche für das Funktionieren der Gesellschaft als förderlich angesehen werden im Sport gelernt und auf das eigene Leben problemlos übertragen werden? Diskutiert in eurer Lerngruppe diesen Aspekt.

c) **E:** Sind Sportler wirklich immer Vorbilder für die Gesellschaft? Wenn ja, warum? Wenn nein, warum nicht?

Partnerarbeit

Aufgabe 2: **G,M,E**

Geht auf die Homepage des Bundestages (www.bundestag.de/sport) und informiert euch umfassend über die Aufgaben und Arbeit des Sportausschusses.

Aufgabe 3: **G,M,E**

a) Vergleicht die Platzierungen der ersten 10 Nationen bei den Olympischen Sommerspielen mit den Platzierungen dieser Nationen bei den Olympischen Winterspielen. Was fällt dabei auf?

b) Schaut euch die Platzierungen der letzten 10 Olympischen Sommerspiele der jeweils gastgebenden Nation an. Was fällt euch dabei auf?

Aufgabe 4: **G,M,E**

Versucht bei deutschen Athleten bei Olympischen Sommer – und/ oder Winterspielen herauszufinden, ob sie bei Bundespolizei, Zoll oder Bundeswehr angestellt waren.

Aufgabe 5: **G,M,E**

a) Die Paralympics werden seit vielen Jahren im Anschluss an die Olympischen Spiele veranstaltet, mittlerweile am gleichen Austragungsort.

b) Vergleicht das Abschneiden mehrerer Nationen bei den Olympischen Spielen mit dem Abschneiden bei den Paralympics. Was fällt dabei auf?

Aufgabe 6: **G,M,E**

a) Geht auf die Homepages eines Olympiastützpunktes in eurer Nähe und informiert euch umfassend über die Aufgaben und Arbeit des Olympiastützpunktes und ihrer Athleten. (www.bmi-bund.de)

b) Versucht herauszubekommen, wie der Staat die Dopingbekämpfung unterstützt.

Aufgabe 7: **G,M,E**

Gibt es in euerem Heimatverein Beispiele von Integration in und durch den Sport?
Tragt einige Beispiele zusammen und versucht, auch mit den Trainern zu sprechen.

Aufgabe 8: **G,M,E**

Thema Sportwissenschaft. Geht auf die Homepages des Bisp, des IaT sowie des FES und informiert euch über die Arbeit. Versucht von jedem Institut ein abgeschlossenes bzw. laufendes Projekt eurer Lerngruppe vorzustellen. Erklärt den Sinn und Zweck der Projekte.

Überprüfe dein Wissen – Bearbeitung

Aufgabe 8 – Vorstellung Projekt

25 Sportökonomik

25.1 Einleitung

- Inwiefern hat sich die wirtschaftliche Bedeutung des Sports entwickelt?

____

____

____

- „Sport als besonderes Kulturgut unserer Gesellschaft“. Nimm Stellung dazu.

____

____

____

____

25.2 Volkswirtschaftliche Effekte

25.2.1 Das Bruttoinlandsprodukt

Das ____________________ gibt den Wert aller Güter, d.h ____________________

____

____

____

Der Sport stellt ____

Welchen Anteil haben einzelne Industriebereiche am BIP?

1. ____
2. ____
3. ____

4. ______

5. ______

6. ______

25.2.2 Bauinvestitionen

______

______

Begründung

______

______

______

______

Begründung

______

______

positive Auswirkung auf das

25.2.3 Sportkonsum

Der Sportkonsum ______

______

➡ Begründung

______

______

______

25.3 Sponsoring, Werbung und Medien

- Als erste Form der Förderung von Sport und Kultur gilt das ________________________________,

  welches auf den Römer ________________________________ zurückzuführen ist.

Definition von Sponsoring

Sponsoring ist definiert als die ________________________________

________________________________ durch

Unternehmen und Institutionen zur Förderung ________________________________

________________________________ zu erreichen.

- Generell zeichnet sich das Sponsoring ________________________________

  ____

➡ Das heißt:

____

____

____

25.4 Sponsoring bei deutschen Fußballbundesligaklubs

Verein	Sponsor
RB Leipzig	
Bayern München	
TSG Hoffenheim	
Bayer Leverkusen	
VFL Wolfsburg	

Wie lauten die Schlagwörter für die **Sponsoringrichtlinien** der Bayer-AG?

1. ______
2. ______
3. ______
4. ______
5. ______
6. ______

25.5 Arbeitsmarkteffekte

Welche Erkenntnisse erbrachte eine Studie aus dem Jahr 2013?

______

______

In Deutschland ist die Bedeutung des Sports ______

______

25.6 Steuereffekte des Sports

sportbezogene ______

sportbezogene ______

öffentliche Haushalte in Deutschland

↓

Auswirkungen

______

______

25.7 Volkswirtschaftliche Bedeutung des Ehrenamtes im Sport

Wie hoch schätzt **du** die volkswirtschaftliche Bedeutung des Ehrenamtes im Sport?

____

____

____

____

____

Wie hoch **ist** die volkswirtschaftliche Bedeutung des Ehrenamtes im Sport tatsächlich?

____

____

____

____

____

25.7.1 Sozioökonomische Aspekte

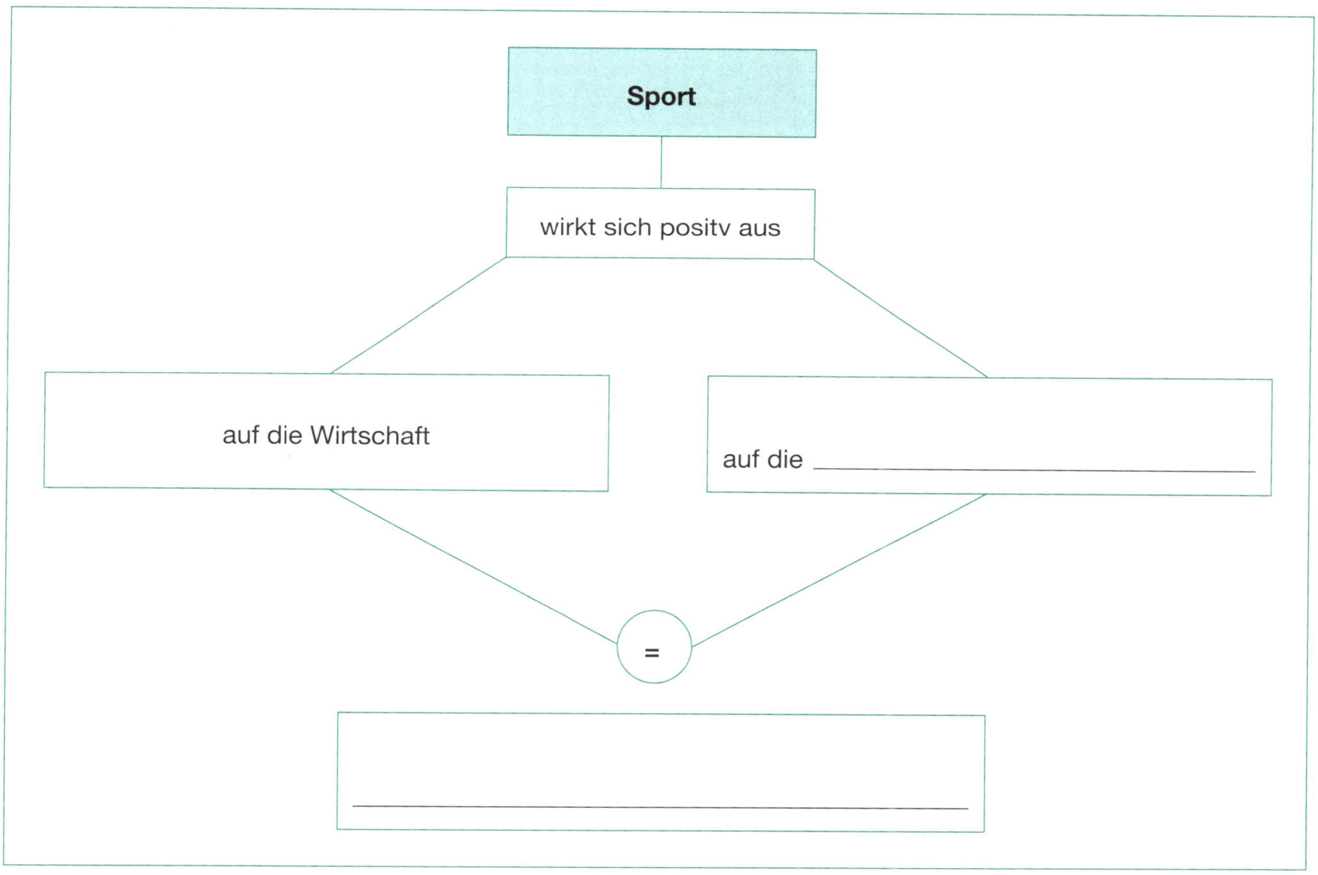

25.7.2 Gesundheitsleistungen

Durch Sporttreiben können in Deutschland Einsparungen zwischen ______________________________ ______________________________ pro Jahr erzielt werden.

25.7.3 Der Beitrag des Sports zum Sozialgefüge und zur Integration

Besonders im Kindes- und Jugendalter kommt ____

____.

Wie viel Prozent der Vereinsmitglieder haben einen Migrationshintergrund?

In wieviel % der Vereine üben Menschen mit Migrationshintergrund eine ehrenamtliche Funktion aus?

25.7.4 Bildungsleistungen

Der organisierte Sport in Deutschland zählt zu den größten ________________________________

➡ ____

____

____

____

____

25.7.5 Sportgroßveranstaltungen

Welche Großveranstaltungen können ein positives Image herstellen?

1. ____
2. ____
3. ____

Überprüfe dein Wissen

Aufgabe 1:

a) **G:** Welche Bedeutung hat der Sport für das Bruttoinlandsprodukt in Deutschland?
b) **M:** Beschreibe aus dem BIP die Bauinvestitionen und den Sportkonsum und erkläre beides so genau wie möglich.
c) **E:** Finde über das Internet heraus, wie hoch das BIP in Österreich, der Schweiz und England ist. Versuche etwas über den Anteil des Sports herauszufinden und vergleiche es mit den deutschen Zahlen.

Aufgabe 2:

a) **G:** Gehe auf die Homepage eines Bundesligisten im Fußball und finde so viel wie möglich über das Sponsoring heraus. Erstelle eine Aufstellung nach der Größe der Geldaufwendungen.
b) **M:** Gehe auf die Homepage eines Fußballbundesligisten. Die Sponsoren werden hier in bestimmten Gruppen zusammengefasst. Weshalb ist das so?
c) **E:** Begib dich auf die Homepage eines Fußballbundesligisten sowie eines Handball- oder Basketballbundesligisten. Fertige eine Liste der Sponsoren an. Vergleiche die Sponsoren im Hinblick auf den Bekanntheitsgrad miteinander. Was lässt sich erkennen?

Aufgabe 3:

a) **G:** Gehe auf die Homepage aller aktuellen Fußball-Bundesligisten /Handball-Bundesligisten/Basketballbundesligisten und fertige jeweils aus einem Verein einer Sportart eine möglichst komplette Sponsorenleiste an.
b) **M:** Erkläre einem Lernpartner die Sponsoringrichtlinien der Bayer AG so genau wie möglich.
c) **E:** Partnerarbeit: Diskutiert über das Zitat: „Geld schießt Tore!“. Schaut euch dazu den Umsatz der Fußballbundesligisten an. Gilt er für alle Klubs?

Aufgabe 4:

a) **G:** Welche Bedeutung kommt dem Ehrenamt im Sport zu?
b) **M:** Erläutere anhand der genannten Geldbeträge die Bedeutung des Sports bei den Gesundheitsleistungen.
c) **E:** Ein Zitat lautet: „Sport ist die beste Medizin!“ Versuche Gründe dafür zu finden, die dieses Zitat belegen oder auch widerlegen.

Partnerarbeit

Aufgabe 5: **G,M,E**

Geht auf die Homepage des DOSB und geht dort über den Bereich „Sportwelten“ auf den Bereich „Integration durch Sport“ und dort auf „Projekte“. Tauscht euch über den Sinn und Zweck solcher Projekte mit euren Lernpartnern aus.

Aufgabe 6: **G,M,E**

Geht auf die Homepage eines Spitzenverbandes im Sport bzw. auf die Homepage eines Landessportverbandes und versucht dort herauszufinden, welche Bildungsmöglichkeiten es dort gibt.

Überprüfe dein Wissen – Bearbeitung

26 Olympische Spiele – die olympische Idee

26.1 Die Olympischen Spiele der Neuzeit

Die antiken olympischen Spiele

- Mykenische Zeit (1600–1200 v.Chr.):
  Olympia = ____________________
- 776 v.Chr.: Beginn der Aufzeichnungen der Sieger
- Auf der griechischen Halbinsel

  ____

  finden im ________________________ Rhythmus bei

  ______________________________________ heilige

  __________________________________ statt.
- Wettkämpfe, die bei den antiken Olympischen Spielen ausgeführt wurden:

  ____

  ____

  ____

  ____

Die Olympischen Spiele der Neuzeit

- Begründer = ____________________________
  - ➡ Erneuerung der Menschheit durch den Sport
  - ➡ Olympische Spiele =

  ____
- Olympismus = ____________________________
  - ➡ Ziel: ____________________________

  ____

  ____

  ____

26.2 Die olympische Idee

„____

____

____

____

____"

➡ Markiere die bedeutenden Schlagworte in dem Zitat und beschreibe anschließend die olympische Idee in eigenen Worten.

____

____

____

____

Durch Coubertins Anregung

1894 ____________________

1924 ____________________

1896 ____________________

Worin lag Coubertins Wunsch?

____

____

- ____________________
- ____________________
- ____________________
- ____________________
- ____

____

Coubertins Vorhaben

			„citius-altius-fortius“ = ____	➡	„religio athletae“ = ____
Olympische Spiele					

26.3 Amateurismus

Partnerarbeit

Recherchiert und definiert anschließend die Begriffe „Amateurismus“ und „Professionalismus“ in Bezug auf die Entwicklung der Olympischen Spiele.

26.4 Die Paralympics

- IPC = ______ ______ ______

Definition Paralympics

- Begründer der Paralympics = ______
- Wo und wann finden die Paralympics statt?

- Richtlinien zur Teilnahme an den Paralympics

1. ______________________________
2. ______________________________
3. ______________________________
4. ______________________________
5. ______________________________
6. ______________________________
7. ______________________________
8. ______________________________
9. ______________________________
10. ______________________________

Der Sportler muss mind. __________ Beeinträchtigung aufweisen!

26.5 Youth Olympic Games

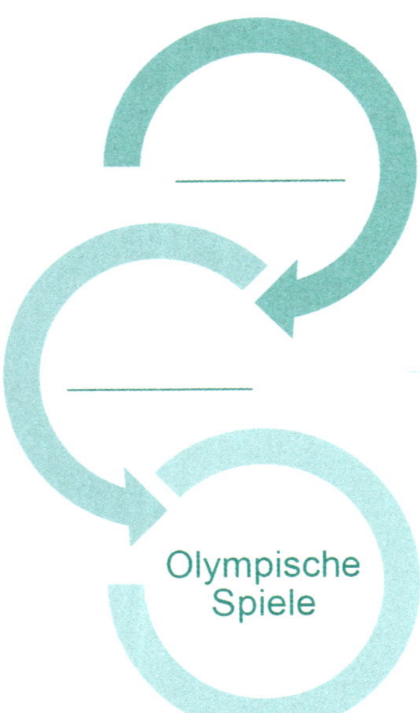

- Jugendspiele, die sich an ______________________ orientieren.
- Sommerspiele: ______________ Sportarten/Disziplinen

  Winterspiele: ______________ Sportarten/Disziplinen
- Abänderungen zu regulären Spielen

  Beispiele:

  ➡ ______________________________

  ➡ ______________________________
- Ziele: ________ ________ ________ ________ ________
- Altersbegrenzung: ______________________

26.6 Jugend trainiert für Olympia (JtfO)

Ziele des weltgrößten Schulsportwettbewerbes:

➡ Vermittlung von positiven Werten wie

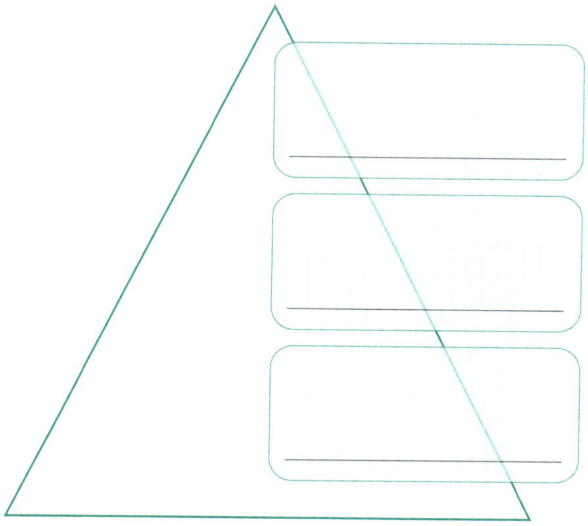

➡ Olympioniken von morgen

Es ist nicht alles Gold, was glänzt …

Nimm Stellung dazu!

Herausforderungen für die Olympische Bewegung:

1.

2.

3. ____________________

____

4. ____________________

5. ____________________

6. ____________________

Überprüfe dein Wissen ?

Aufgabe 1:

a) **G:** Neben den olympischen Spielen gibt es zwei weitere Wettkämpfe, die auch im vierjährigen Rhythmus stattfinden. Benenne und beschreibe sie.

b) **M** Setze die Herausforderung nach Preuß „Bekämpfung des Dopings“ in Verbindung zur Olympischen Idee.

c) **E:** Erörtere „Olympische Spiele – Es ist nicht alles Gold, was glänzt…“.

Aufgabe 2:

a) **G:** Inwieweit können die Schülerinnen und Schüler an deiner Schule an Olympia teilhaben? Gehe außerdem auf deren Ziele ein.

b) **M:** Nach Coubertin soll die Olympische Idee auch über die Spiele hinaus wirken. Nenne seine konkreten Wünsche und diskutiere mit einem Lernpartner, wo und wann du selbst die **Olympische Idee** *erlebst*.

c) **E:** Coubertins Wunsch nach internationaler Solidarität wird auch in aktuellen Projekten und Initiativen gelebt. Beschreibe eine solche Initiative und erläutere deren positive und negative Erfahrungen und Erlebnisse.

Aufgabe 3: **G,M,E**

Gruppenarbeit (3–4 Teilnehmer)

a) Recherchiert „Olympische Spiele – die Olympische Idee“ und ergänzt die **Zeitleiste** mit wichtigen Daten, auf die ihr während der Recherche stoßt.

b) Greift einen für euch faszinierenden oder interessanten Aspekt der Olympischen Spiele auf und erstellt dazu eine 5 – 10-minütige Präsentation.

Überprüfe dein Wissen – Bearbeitung !

Überprüfe dein Wissen – Bearbeitung

!

27 Doping

27.1 Geschichte des Dopings

Seit wann wird im Sport bereits gedopt?

Woher stammt der Begriff des Dopings ursprünglich?

Wie hat sich die Einstellung zum Doping über die Jahre hinweg verändert?

Früher:

Heute:

Dopingverbot

Merke:

Staatsdoping

Bekannte Dopingfälle

Name / Institution	Sportart

Was bedeuten die Abkürzungen WADA /NADA/CAS?

NADA: ______________________________

WADA: ______________________________

CAS: ______________________________

27.2 Doping im Breitensport

Doping im Leistungssport und Breitensport

Beispielsportarten	Beispielsportarten

Wo kommt Doping in der Gesellschaft noch vor?

Medikalisierung der Gesellschaft

= ____

____

27.3 Kampf gegen das Doping

Aufgaben von	
NADA	**WADA**

Definition von Doping

____

____

27.4 Doping und seine Folgen

Doping und seine gesundheitlichen Folgen bei Männern und Frauen

- ____
- ____
- ____
- ____
- ____

Verbotene Dopingmittel	Folgen	Nebenwirkungen

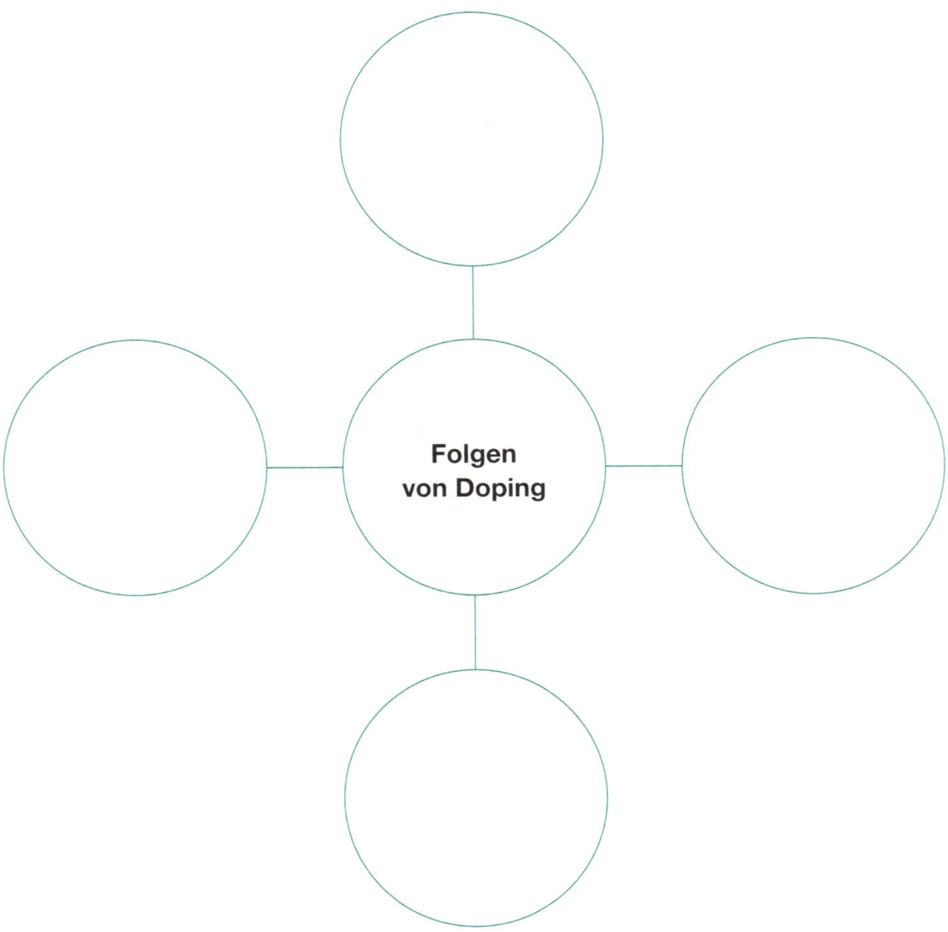

Folgen von Doping

Finanziell	Sozial	Rechtlich

Seit 01.01.2016 gilt in Deutschland ein neues Anti-Doping-Gesetz

Erstmals kann ein Athlet wegen Dopings ______________________________,

was es bis dahin nicht gab. Es können ______________________________

______________________________,

dies gilt auch ______________________________

______________________________.

Schon der ______________________________.

Wer ______________________________,

muss sogar mit einer ______________________________.

27.5 Trainings- und Wettkampfkontrollen

Es gibt:

______________________ -kontrollen + ______________________-kontrollen

Es gibt 3 unterschiedliche Testpools

1.	2.	3.

Das ADAMS-System = ______________________________

Um für ______________________________ verfügbar zu sein, muss der Sportler

______________________________ übermitteln.

Überprüfe dein Wissen

?

Aufgabe 1

a) **G:** Wie hat Doping angefangen?

b) **M:** Wie hat sich die Einstellung gegenüber dem Doping von früher zu heute verändert? Beschreibe ausführlich.

c) **E:** Was hat genau dazu geführt bzw. dazu beigetragen, dass es allmählich von einem geduldeten Doping zu einem Verbot kam? Erläutere dazu den Gegensatz von der früheren Einstellung zum Doping zur heutigen Einstellung.

Aufgabe 2

a) **G:** Gibt es Doping nur im Leistungssport? Wenn nicht, zähle Bereiche/Sportarten /Disziplinen auf, in denen es häufig vorkommt.

b) **M:** Fitnessstudios stellen für Jugendliche ein Gefahrenpotential im Zusammenhang mit Doping dar. Nimm dazu ausführlich Stellung.

c) **E:** Siehst du einen Zusammenhang zwischen dem Griff zu immer mehr Medikamenten in der Gesellschaft und der Tendenz zu Doping? Erläutere deine Sichtweise.

Aufgabe 3

a) **G:** Welche Folgen kann Doping für einen Sportler haben?

b) **M:** Welche Folgen von Doping sind für dich schwerwiegender, welche weniger bedeutsam?

c) **E:** Seit 01.01.2016 gibt es in Deutschland ein Anti-Doping-Gesetz mit entsprechenden Strafen. Zuvor war lediglich der Sport selbst für die Bestrafung verantwortlich. Diskutiere die Konsequenzen mit deinem Lernpartner.

Aufgabe 4

a) **G:** Welche unterschiedlichen Testpools gibt es? Benenne sie.

b) **M:** Welche Testpools kennst du? Wird nur im Wettkampf getestet?

c) **E:** Partnerarbeit:

1. Partner: Contra-Doping
2. Partner: Pro Doping

Versucht jeweils Argumente zu finden, die dafür oder dagegen sprechen und diskutiert darüber.

Überprüfe dein Wissen – Bearbeitung